Jeden Tag lebendig sein

Every Day Full of Life
Translated from the German original
by Dr. Navin Dalal, Stuttgart

Ĉiun tagon esti viva
Esperantigis el la germana:
Karl Liebermann, Rottweil

Brigitte Willand, Anita Dröge, Hella Musall,
Dr. Max Binder, Eva Binder

Im Eigenverlag / Published by the authors /
En propra eldonejo

Gedruckt in Deutschland / Printed in Germany /
Presita en Germanio

Satz / Typesetting by / Kompostita de:
Ziegler und Müller, Kirchentellinsfurt
Druck / Printing by / Presita de:
Herrmann Druck+Media GmbH, Sonnenbühl

Zu bestellen bei / Order from / mendebla ĉe:
Anita Dröge, Salbeiweg 10, D-70599 Stuttgart
Dr. Max A. Binder, Fronetstraße 24,
D-72138 Kirchentellinsfurt
Deutschland / Germany / Germanio

ISBN 978-3-00-024288-5

Möge alle Zeit unser rechtes Danken, Bitten, Wollen, Glauben und Empfangen dazu beitragen, unsere Gesundheit körperlicher, seelischer und geistiger Art für immer auf vollkommene Weise zu erhalten.

It is our fervent wish that at all times our deeply felt thanks, requests, wishes, beliefs and the gifts we receive shall contribute to eternally preserve our physical, mental and spiritual health.

Kontribuu ĉiutempe nia ĝusta dankado, petado, volado, fidado kaj akceptado al tio, ke ni konservu por ĉiam laŭ perfekta maniero nian sanon de korpa, anima kaj spirita manieroj.

Wir danken für jede Hilfe
und Geschenke des Himmels,
die uns in reichlichem Maße während
des ganzen Prozesses zuflossen.
Als irdische Hilfe möchten wir besonders
Eva Binder's Unterstützung herausheben.

We are most sincerely grateful for every help
so lavishly rendered and for Heaven's gifts
so abundantly received during our entire work.
We also wish to express our gratitude to
Eva Binder for the most valuable assistance
she unstintingly gave us here on earth.

Ni dankas por ĉiu helpo kaj donacoj de ĉielo,
kiujn ni abunde ricevis dum la tuta procedo.
Kiel helpon surteran ni volas aparte emfazi la
subtenon de Eva Binder.

Die universelle, neutrale und unabhängige Sprache Esperanto (bedeutet „der Hoffende“) wurde vor über 100 Jahren von Dr. L. L. Zamenhof, Augenarzt, uns allen geschenkt. Esperanto dient dem Frieden und der Völkerverständigung weltweit.

The universal, neutral and independent international language Esperanto (a word signifying “the person who hopes”) was created and presented to all of us more than a century ago by Dr L. L. Zamenhof, an oculist. Worldwide, Esperanto promotes peace and understanding between nations.

La universala, neŭtrala kaj sendependa lingvo Esperanto estis donacita al ni ĉiuj fare de D-ro L. L. Zamenhof, okulkuracisto antaŭ pli ol 100 jaroj. Esperanto utilas al paco kaj interkompreniĝo de popoloj mondvaste.

Jeden Tag lebendig sein

Every Day Full of Life

Ĉiun tagon esti viva

Einleitung

Die Schöpfung bewahren drückt sich auch in der Prävention aus.

Das Heilsein ist bereits in uns.
Alles ist vorhanden.
Wir müssen uns nur daran erinnern und Gelegenheiten schaffen, es zu spüren.

Jedes Lebewesen, jede Pflanze, jedes Tier, jedes menschliche Sein ist ständig darauf ausgerichtet, heil zu sein und es zu bleiben. Durch die vielfältigen Lebenskräfte der Schöpfung erhalten wir täglich neu Gesundheit, bewusst oder unbewusst. In diesem kleinen Begleiter beschäftigen wir uns mit unserem bewussten Dazutun.

Was kann ich selbst jeden Tag (jede Stunde) für meine Gesundheit tun?
Wir orientieren uns an den 4 Bereichen Bewegung, Ernährung, Kommunikation sowie Entspannung und Meditation, die in jeweiligem Maß und Gebrauch die Gesundheit erhalten, stärken oder schwächen können. Wir schließen unseren Präventionstext mit den notwendigen Themen Krankheit, Tod und Spiritualität ab.

Bei jedem fängt seine Gesunderhaltung bei seinen individuellen Gewohnheiten, Neigungen und anerzogenen Verhaltensmustern meistens an einem dieser 4 Bereiche als Schwerpunkt an.

Seien es Körpersymptome durch unausgewogene Ernährung und Bewegung, seien es Empfindungen von Belastungen und Erschöpfung,
seien es Konflikte im Gespräch mit anderen,
seien es überraschende Erfahrungen mit Krankheit und Tod.
All dies kann unsere Gesunderhaltung stören.
Wenn der Energiefluss dadurch blockiert ist, brauchen wir ein paar Hinweise, um wieder in die natürliche Balance zu finden. Jeder Bereich ist gleich wichtig und wertvoll und kann nach Selbsteinschätzung des Lesers vermehrt beachtet werden.

Lassen Sie sich nun von Ihrer inneren Weisheit leiten (zur Verstärkung wird ab jetzt die Ich-Form benutzt).

Bewegung

Bewegung ist Leben – im Universum bewegt sich alles. Alles fließt.

Die größten Bewegungen dehnen sich in die Unendlichkeit aus, die kleinsten werden noch von der Wissenschaft erforscht.

Feste, flüssige und gasförmige Körper bewegen sich auf mannigfaltige Weise.

Die für mich hier bedeutsamste Bewegung in diesem Buch ist die meines eigenen Körpers und die der anderen Menschen, Tiere und Pflanzen in meinem Umfeld.

Bewegung und Atem drücken meine Lebendigkeit aus.

Bei jedem Aufwachen am Morgen habe ich erneut die Gelegenheit, an diesem Tag lebendig zu sein. Mit dem ersten Licht des Tages, den Strahlen der Sonne, dehne und strecke ich mich, gähne und öffne die Augen. Ich lächle mir im Spiegel zu und weiß, dass ich unzählige Bewegungen, bewusst und unbewusst, am heutigen Tage machen werde. Ich bin dankbar für diese Möglichkeiten.

Beim Zähneputzen beobachte ich, wie geschickt und wie von selbst meine Hände und Finger die nötigen Bewegungen ausführen. Die Hand hält die Bürste, das Handgelenk beschreibt kreisende Auf- und Abbewegungen, während der Ellenbogen die Bewegung unterstützt.
Wenn es mir Freude macht, kann ich dabei von einem Fuß auf den anderen treten oder sanft in den Knien wippen oder auch die Zehen einrollen und ausstrecken.

Während ich das Frühstück zubereite, erlebe ich wie mein Körper allein auf meine Gedanken hin die nötigen Bewegungen ausführt, wenn ich den Tisch decke, wenn ich mich setze, wenn ich ein Stück Obst nehme und es zerkleinere, wenn ich ein Getränk in die Tasse gieße und dabei die Kanne halte.

Beim Essen spüre ich meine Beiß- und Kau-, Kiefer- und Zungenbewegungen und während ich meine Mahlzeit genieße und mich daran freue, ist mein Körper ohne mein bewusstes Zutun ständig in Bewegung, um die Nahrung aufzunehmen und zu verarbeiten.
Nach der Nahrungsaufnahme halte ich inne und ruhe noch einige Minuten aus.

Möchte ich am Morgen Sport betreiben, verändere ich die Reihenfolge mit dem Frühstück und lasse den Magen fast leer.

Nun bin ich gut auf weiteres Tun vorbereitet.

Ich kann Frühsport betreiben (laufen, joggen, schwimmen, Fahrrad fahren, Tai Chi, Yoga, QiGong), zur Arbeit gehen, Sport- und Gymnastikangebote wahrnehmen, einen Morgenspaziergang an frischer Luft machen, Besorgungen erledigen und vieles mehr.

An einem Tag, an dem ich mich ganz bewusst durch meine Bewegungen erleben möchte, kann ich z. B. schon beim Gehen darauf achten, wie sich mein Körpergewicht von einem Fuß auf den anderen verlagert, wie mein Körper durch Minimalbewegungen das Gleichgewicht hält, meine Muskeln alle Bewegungen ganz natürlich ausführen und ich kann entscheiden, heute mehr Treppen zu laufen statt den Fahrstuhl zu benutzen oder auch Wege zu Fuß statt mit dem Auto zurückzulegen.

Auch bei notwendigen Fahrten in verschiedenen Verkehrsmitteln wie Bahn, Bus, Flugzeug oder Auto (nur beim haltenden Auto) kann ich in Bewegung bleiben. Diese Zeiten können willkommene Gelegenheiten sein, für einige Momente

mehrmals die Beinmuskeln anzuspannen und
zu lockern, sanft mit dem Kopf zu kreisen,
die Schultern einige Male nach vorne und
nach hinten kreisen lassen
und mehrmals tief ein- und auszuatmen.

So kann ich meinen Kreislauf im Fluss halten und meine Gliedmaßen entlasten und lockern.

Behalte ich während meiner Tätigkeiten die Achtsamkeit für meinen Körper, kann ich rechtzeitig Verspannungen und Unbehagen wahrnehmen. Ich halte für ein paar Momente inne und höre auf die Impulse meines Inneren und folge meinem Körperempfinden.
Je mehr ich mir Raum gebe, d. h. immer wieder für Momente meine Bewegungen in meinem Körper zu erspüren, desto eher werden Körper, Gedanken und Empfindungen zu einem Ganzen.

Meine Sensibilität für mich als ganzheitliches Wesen wächst und in mir können sich körperliches Wohlbefinden, Zufriedenheit und innere Ausgeglichenheit ausbreiten. Je mehr mir das bewusst wird, wachsen auch meine Achtung und mein Verständnis für meinen Körper, ebenso die Bereitschaft ihn zu unterstützen.

Im folgenden werden einige Übungen beschrieben, mit denen ich mich zu gegebener Zeit regenerieren kann.

So werden müde Beine wieder munter:

> Bei längerem Sitzen kann ich meine Füße einige Male nach der einen und nach der anderen Seite kreisen lassen, um die Fußgelenke zu lockern und die Durchblutung zu fördern.
> Ich kann die Unterschenkel in die Waagerechte heben, gleichzeitig die Füße anwinkeln und dann wieder entspannen und diese Bewegung mehrmals hintereinander behutsam ausführen.

Sind meine Augen überanstrengt durch Präzisionsarbeiten, Zeitung/Bücher lesen, Fernseher- und Computerbenutzung kann ich sie leicht wieder entspannen indem ich

> meine Handflächen aneinanderreibe bis sie warm sind, die gewölbten Handflächen locker auf die geschlossenen Augen lege – die Nase bleibt frei – und ruhig und regelmäßig atme. Diesen Vorgang wiederhole ich mehrmals. Die Augen können auf diese Weise rasch regenerieren.

Wenn ich meine Augen kräftigen will nach längerem einseitigem Schauen, können die folgenden zwei Übungen helfen:

Ich schaue aus dem Fenster in die Ferne, halte den Kopf gerade und fixiere einen möglichst weit entfernten Punkt.

Von der Nasenspitze aus stelle ich mir eine Schnur bis zu diesem Punkt vor. Nun gleite ich mit meinen Augen aufmerksam von der Nasenspitze an der gedachten Schnur entlang bis zu diesem entfernten Punkt und kehre von dort aus wieder den gleichen Weg zurück. Ich atme ruhig und regelmäßig und wiederhole die Bewegung mehrmals.

Ich kann auch die Augen sanft, leicht und fast spielerisch bewegen

indem ich Umrisse von Gegenständen (angenehme Motive, Blumenstrauß, Baum, Blüte) mit einem kleinen, gedachten an der Nasenspitze befestigten Pinsel nachfahre, zur einen Seite hin umrunde, dann zur anderen Seite und mehrmals wiederhole.

Dies sind Vorschläge und je nach Situation, Bedürfnis, körperlichem Empfinden und Zeit wähle ich eine oder mehrere Übungen aus. Ich probiere gegebenenfalls vorsichtig und bedacht neue Varianten und dehne sie bei Bedarf auf anderes aus.

Bei den Rechts- und Linkserfahrungen mit meinen Augen kann ich auch wahrnehmen, dass ich meine Augenmuskeln bisher nicht in gleichem Maße betätigt habe.

Meinem Körper zuliebe kann ich deshalb versuchen, die Rechts- und Linksseitigkeit deutlicher in meinem ganzen Körper zu spüren und denke mir selbst dazu passende Übungen für die rechte und linke Körperseite aus.

Wenn ich diese gleichwertige Beidseitigkeit nicht geübt habe, bevorzuge ich für bestimmte Tätigkeiten meistens entweder die rechte oder die linke Seite, wenn ich z. B. mit einem bestimmten Fuß zuerst auftrete, den Telefonhörer mit einer bestimmten Hand ergreife usw.
Indem ich spielerisch einmal die Gewohnheit, die Kontrolle aufgebe und der ungeübten Seite die Chance gebe, etwas Ungewohntes, eine neue Variante, zu probieren, lerne ich mehr und mehr die bisher unbekannten Möglichkeiten meines Körpers kennen.

Neue Herausforderungen und selbst gestellte Aufgaben bekommen durch spielerisches Durchprobieren eher Erfolg versprechende Resultate als krampfhaft kontrolliert Erzwungenes oder bei Überforderung resigniertes Ablehnen.

Wenn ich ungeübte Bewegungen ungelenk ausführe kann ich mir liebevoll sagen:

„Alles ist gut und führt zu noch Besserem."

Bei Bewegungseinschränkungen, z.B. nach Unfall oder Krankheit bleibe ich ausgerichtet mit dem Gedanken:
„Ich bin dankbar für das, was ich heute kann und erwarte von Mal zu Mal Besseres."

Je mehr die Bewegungen in den genannten Beispielen, aber auch im ganz normalen Alltag selbst empfunden und nicht fremd gesteuert sind, ohne Gruppendruck ausgeübt werden, vorsichtig und bedacht sind und aus meinem eigenen Inneren kommen, desto eher finde ich für mich das rechte Maß.

Intensiv kann ich das auch bei einem Spaziergang in der Natur erleben, wenn ich mich beim Gehen und beim Atmen der frischen Luft erhole und sich meine Kräfte wieder sammeln.

Beim Gehen spüre ich die Erde unter meinen Füßen, ich fühle wie die Fußsohlen auftreten und wieder abrollen.
Gehe ich schneller, bewegt sich spürbar der ganze Körper im Rhythmus des Gehens mit.
Die Arm- und Schulterbewegungen werden größer, ich atme tiefer, der Körper zeigt sich in seiner gesunden Lebendigkeit.
Verlangsame ich, werden die Bewegungen kleiner und der Atem wird ruhiger.

Ich finde meinen eigenen natürlichen Gehrhythmus und kann ihn jetzt bewusst mit meinem Ein- und Ausatmen verbinden.
Ich gehe.
Bewegung und Atmung gehen harmonisch zusammen. Ich spüre meinen Brustkorb sich ausdehnen, und meine Lungen sich weiten.
Ich atme.
Ich atme wie alles Lebendige atmet und bin durch meinen Atem mit dem Atem von allem Lebendigen verbunden.

Wenn ich möchte, kann ich draußen in der Natur eine kleine wirkungsvolle Übung zur Unterstützung meines Herzens und meines Kreislaufs machen, auch eine zweite zur Weitung des Brustkorbs und der Lungen.
Beide Übungen können auch drinnen ausgeführt werden.
Ich suche mir einen angenehmen Platz.

Übung zur Stärkung

> Ich stelle mich aufrecht hin und bewege beide gestreckten Arme seitlich von unten nach oben gleichmäßig bis zur Senkrechten und wieder nach unten. Während der Bewegung öffne und schließe ich fortlaufend sanft meine Hände und wiederhole die Übung 3- bis 4-mal.

Dann halte ich einige Minuten inne und spüre der Bewegung in meinem Körper nach.
Ich fühle mich gestärkt.

Weitung des Brustkorbs und der Lungen

Ich stehe stabil und gerade. Die Arme hängen nach unten. Jetzt strecke ich beide Arme seitlich geradeaus, ziehe die Arme langsam etwa 45 Grad nach oben, die Handflächen zeigen nach vorne und ich atme natürlich tief ein und aus.
Im Rhythmus des Atmens bewege ich die Arme sanft etwa 30 cm vor und zurück (wie Vogelschwingen). Ich lasse die Arme wieder in Ausgangsstellung sinken.
Diese Bewegung wiederhole ich bei Bedarf mehrmals.
Ich kann wieder frei und leicht atmen.

Dabei erinnere ich mich mit welcher Natürlichkeit und Selbstverständlichkeit Kinder und Tiere sich bewegen und ihrer Lebensfreude Ausdruck verleihen.

Zur Bewegung gehören auch Ruhepausen, denn sie sind eine Voraussetzung, um den Körper nicht zu überfordern und ihn im Gleichgewicht zu halten. Auch dafür können mir Kinder und Tiere ein Beispiel sein, wie sie ganz von selbst aus der Bewegung in die Ruhe gleiten und in die Harmonie zurückfinden.

Auch bei den Pflanzen kann ich beobachten wie Ruhezeiten mit Wachstumszeiten abwechseln, damit in den Ruhephasen die Wachstumskräfte sich im Inneren sammeln und entwickeln können.

Sie werden wie alles Lebendige bewegt durch die Weisheit ihrer Körper, durch die Weisheit der Schöpfung.
Das Leben ist ein Tanz, ein innerer und äußerer und ich bin dazu eingeladen.

Vielleicht lasse ich den Tag ausklingen und tanze zu Hause nach meiner Lieblingsmusik oder mit Freunden oder neuen Bekannten auf Festen und Veranstaltungen. Dann lasse ich meinen Körper sich ganz intuitiv zum Rhythmus der Musik bewegen, spüre wie er mitgeht, sich den Bewegungen anpasst und ich genieße meine Lebendigkeit und die Lebendigkeit der anderen.

Um mich herum tanzt das Leben und ich bin ein Teil davon.

Gute Stunden mit meinem Körper verbracht bedeuten:

- Ich höre auf seine Signale und nehme sie ernst.
- Ich gehe auf seine Bedürfnisse ein soweit die Umstände es zulassen.
- Ich tue im Moment das Mögliche und Angemessene für ihn und gebe ihm Gelegenheit zu regenerieren und in sein Gleichgewicht zurückzukehren.
- Ich erlaube mir, für mich zu sorgen und so gesund wie mir möglich zu sein.

Mein Mögliches zu tun, meine Gesundheit zu erhalten oder sie wieder zu gewinnen, ist eine Entscheidung, die ich für mich und mein Leben täglich auf's Neue treffe.
Dann kann ich meine Anlagen und Fähigkeiten im richtigen Maße leben und sie von innen nach außen bringen.

Ich vertraue auf die Impulse meiner Körperweisheit.

Ich vertraue auch auf alle anderen damit verbundenen Kennzeichen des Lebendigen in mir, besonders der Wahl von ausgewogener, passender Nahrung, dic im nächsten Kapitel ihren eigenen Platz bekommt.

Ernährung

Die naturbelassene Nahrung ist eine der wichtigsten Voraussetzungen für die umfassende Gesundheit.

Offen und voll Vertrauen auf das Gute, was die Naturküche für mein Leben bereit hält, lasse ich mich von meinen Gefühlen leiten und nehme wahr, was mein Körper braucht.

Wenn ich mich wieder frei mache von alten nicht mehr notwendigen Mustern und Handlungsweisen und wieder ein Gefühl für meinen Körper entwickle, komme ich mir erneut näher.

Je mehr ich meinen Körper und seine Bedürfnisse wahrnehme und akzeptiere, umso mehr wachsen Mitgefühl und Verantwortung für meine Gesundheit, für die Herkunft, für Herstellung und Verarbeitung der Nahrung, meiner Lebensmittel.
Auch wachsen Mitgefühl und Verantwortung für die Nahrung der Pflanzen und der Tiere.

Ich erinnere mich an den Ursprung der Nahrung, sie ist einfach und harmonisch, im Einklang mit den Prinzipien der Schöpfung.

Ich habe mich ganz bewusst für die Lebensmittel aus biologischem Anbau und überwiegend regionalem Anbau entschieden und ernähre mich aus dem Angebot der jeweiligen Jahreszeit.

Die naturbelassene, ausgewogene Ernährung aus Vollkorngetreide, Reis, Kartoffeln, Gemüse, Hülsenfrüchte, Salat und Obst liefert uns die wertvollen Inhaltsstoffe, wie Kohlenhydrate, Fette, Eiweiße sowie Ballaststoffe, Vitamine, Mineralien, Spurenelemente und sekundäre Pflanzenstoffe in ihrer qualitativ hochwertigen Form.

Für meinen Körper ist es lebenswichtig, täglich genügend Wasser zu trinken. Der Organismus benötigt mindestens 1½ bis 2½ l reines Wasser am Tag, abhängig von Körpergewicht, Aktivität und Klima. Andere Getränke wie Kräutertee, Säfte, Getreidekaffee trinke ich zusätzlich.
Genussmittel wie Bohnenkaffee, Schwarztee und Alkohol vermeide ich so oft wie möglich. Milchprodukte, Käse, Eier, Wurstwaren, Fleisch und Fisch, Zucker und Fette, Kuchen und Süßwaren verwende ich sparsam bis selten.

Beim Einkauf der Lebensmittel lasse ich mich von meinem angeborenen Körperwissen, von meinem Gespür für das Natürliche leiten. Was spricht mich hier und heute an? Womit trete ich in Resonanz?

Ich spüre in mich hinein und fühle, was mein Körper wirklich braucht. Wenn ich meinem Körper vertraue und auf ihn höre, dann breitet sich ein friedvolles Gefühl aus.

Mein Empfinden wächst für die richtige Nahrung, die benötigte Menge und den passenden Zeitpunkt der Nahrungsaufnahme.

Durch diese bewusste Auswahl der Lebensmittel, die achtsame Zubereitung der Speisen und das dankbare Genießen gelange ich zu mehr Bewusstheit.

Das einfache, friedvolle Essen ist ein „übendes Verfahren". Je öfter ich einfach einkaufe, einfach zubereite, einfach koche und einfach verzehre (langsam und gründlich kauen bis zur vollen Geschmacksentfaltung), desto leichter fällt es mir und umso wohler fühle ich mich.
Die Dankbarkeit und Freude über das wohlschmeckende Essen breitet sich in jeder Zelle, in jedem Gewebe, in jedem Organ meines Körpers aus.

Wenn es mir an manchen Tagen schwer fällt zu fühlen, was ich wirklich brauche, dann hilft es mir, inne zu halten, bewusst zu atmen, in meinen Körper hineinzuspüren und meinem inneren Wissen zu vertrauen. Auch ein mehrere Stunden oder Tage ohne feste Nahrung sein wollen (Fastenzeit), kann ein Körperbedürfnis sein.
Ich lasse mich intuitiv leiten.

Schritt für Schritt lerne ich mich besser kennen und komme so zur natürlichen Ernährung.

Vielleicht möchte ich einen Tag der bewussten Ernährung erleben und meine Erfahrungen aufschreiben oder einige Tage auf diese Weise einfach und bewusst essen.

Vielleicht möchte ich diese 5 Übungen zu neuen ganzheitlichen Ess- und Trinkgewohnheiten ausprobieren.

5 Gebote zum Essen und Trinken
(10 Tage hintereinander zu befolgen):

1. Alles, was Körper, Gefühl und Verstand an Essen und Trinken ablehnen – weise ich von mir (ähnlich dem natürlichen Verhalten von 1- bis 2-jährigen Kindern)!

2. Einfühlungsvermögen in Situationen und Menschen, die mit Essen und Trinken zu tun haben, das jetzt nicht von mir gebraucht wird, ist absolut unnötig. In diesem Fall bleibe ich neutral und zeige bei allen Ess- und Trinkangeboten kein Interesse.

3. Selbst geringstes Unbehagen versuche ich schnellstmöglich zu korrigieren (zu stark, zu viel, zu süß, zu sauer, zu fett, zu salzig, zu scharf, zu durstig, zu hungrig, zu spät, zu früh usw.)

4. Ich halte ständig Zwiegespräch mit meinem Körper: Wie geht es meinem Magen? Wie geht es meiner Leber? Wie geht es meiner Galle? Wie geht es meinem Darm? Wie geht es meiner Haut? Ich tue und wähle jederzeit das Richtige.

5. Ich bin natürlich, freundlich, fürsorglich, diszipliniert und dankbar meinem Körper und seinen Geschenken gegenüber (Atmung, Verdauung, Bewegung, Stoffwechsel, Sinneswahrnehmung [hören, riechen, schmecken, sehen, tasten]).

Täglich mache ich mir diese Gebote morgens und abends (evtl. am 1. Tag stündlich) bewusst. Ich danke für alles Gute an Essen und Trinken, was ich heute noch aufnehmen darf und schon durfte. Ich bleibe achtsam und bedacht.

Ich beeinflusse mit meiner Ernährung in erheblichem Maße meine Gesundheit. Viele der heutigen Zivilisationskrankheiten sind auch auf Fehler bei der Ernährung und bei den Lebensgewohnheiten zurückzuführen.

Wenn ich meinen Körper gesund, maßvoll und abwechslungsreich ernähre, mit Liebe koche und mir Zeit zum Essen nehme und genieße, spüre ich schon nach wenigen Wochen eine innere Balance. Ein Gleichgewicht, das sich als Harmonie in meinem Körper, in meiner Seele und in meinem Geist ausdrückt. Achtung und Respekt vor der gesunden Nahrung wachsen.

Mein Körper nährt sich auch durch anhebende Gedanken, intensive Gefühle, durch vielfältige Sinneseindrücke und Naturerlebnisse und den bewussten Atem.

Die Entscheidung für ein gesundheitsbewusstes Leben in Bescheidenheit, Dankbarkeit und Freude lässt nicht nur meinen Körper gesunden, sondern ich spüre eine ganzheitliche Veränderung, die sich in allen meinen Lebensbereichen, meinen sozialen Kontakten und letztlich meinem Umfeld wieder spiegelt.

„Ich nehme die gesunde und lebendige Nahrung wieder mit dem Herzen auf."

Kommunikation

Kommunikation, der Kontakt und Austausch mit anderen Menschen, hat großen Einfluss darauf, wie ich mein Leben tagtäglich gestalte.
So wie gute Nahrung die Gesundheit fördert und erhält, so stärkt mich, wenn ich mit anderen im Austausch bin. Die Fähigkeit konfliktlösende Gespräche zu führen mit der richtigen Person, in der stimmigen Atmosphäre, den notwendigen Themen, zum richtigen Zeitpunkt, trägt wesentlich zur Gesundheitsprävention bei.

Alles was ich in meinem Inneren erlebe und was ich von außen aufnehme, erlebe ich im Wesentlichen in vier Grundhaltungen:

1. Ich akzeptiere mich und andere gleichwertig.
2. Ich akzeptiere den anderen als überlegen, höherwertig und werte mich ab.
3. Ich akzeptiere den anderen als unterlegen, weniger wert als mich selbst und werte mich auf.
4. Ich akzeptiere mich und den anderen nicht und werte so beide ab.

Aus diesen Haltungen zu sich selbst und anderen Menschen entstehen gelungene oder misslungene Kommunikationserlebnisse.

Durch Wiederholen bestimmter Grundhaltungen übe ich diese wieder und wieder ein, so daß sie sich verfestigen und zu meiner bevorzugten Art der Kommunikation werden. Diese Wahl entscheidet im Wesentlichen meinen Kommunikationserfolg. Es ist sinnvoll, die Wirksamkeit der ersten Grundhaltung zu erproben.

Wie merke ich, dass ich im Gespräch die wertschätzende Grundhaltung für mich und mein Gegenüber habe?

Möchte ich aus der Wertschätzung für mich selbst und den anderen kommunizieren, um im gleichwertigen Austausch zu sein, so ist es richtig, diese Haltung stetig zu üben.

Ich erinnere mich an ein zurückliegendes Gespräch, in dem ich mich meiner Gesprächspartnerin oder meinem Gesprächspartner vollkommen verständlich machte und ich selbst mein Gegenüber ebenso gut verstand.

Ich vergegenwärtige mir noch einmal dieses Gespräch unter folgenden Gesichtspunkten:

Ich beachte meine Körperhaltung, meinen Körperausdruck, meine Hände und Arme, Beine und Füße.

Hatte ich Blickkontakt?
Lächelte ich?
Wie reagierte ich, wenn mir etwas unklar war?
Fragte ich nach?

Änderte sich meine Stimmungs- bzw. meine Gefühlslage während des Gespräches?
War ich zufrieden wie ich meine Meinung, meinen Standpunkt nach außen brachte?
Wie fühlte ich mich vor, während und nach dem Gespräch?
Hielt ich die bevorzugte Grundhaltung oder änderte sie sich im Laufe der Zeit?

Wenn ich im Nachhinein Gelegenheit dazu hätte, wollte ich dann an diesem Gespräch noch etwas korrigieren?

Ich mache die Erfahrung, dass in der Haltung des gleichwertigen Austausches unsere Körperhaltung offen und zugewandt ist. Wir haben Blickkontakt und unser Gesichtsausdruck ist entspannt. Harmonische Bewegungen, z. B. der Hände unterstreichen das Gesagte.

Wir hören abwechselnd zu und fragen abwechselnd nach. Bei weiteren Verständigungsschwierigkeiten scheuen wir uns nicht nochmals um die Klärung, auch einfacher Sachverhalte, zu bitten. Unser Interesse am gemeinsamen Gespräch bleibt weiterhin aufrichtig, voll Geduld und auf das Wesentliche konzentriert.

Mein Ziel und Bestreben ist und bleibt, mich verständlich zu machen und mein Gegenüber verstehen zu wollen. Dadurch ist eine vertrauensvolle Atmosphäre entstanden, in der sich jederzeit neue Ideen und Gedanken entfalten können, wir sind dankbar, angehoben und inspiriert.

Um mehr über die Wirkung der anderen drei Grundhaltungen zu erfahren, ist es sinnvoll auch diese kennenzulernen. Dazu kann ich mir jeweils eine passende Gesprächssituation (selbst erlebt, bzw. aus Buch, Radio oder Film entnommen) in Erinnerung rufen. Mithilfe der Fragen zur ersten Grundhaltung betrachte ich auch hier das Verhalten, die Gefühle und Gedanken der Gesprächsteilnehmer.

Eine Gesprächshaltung, getragen von gegenseitigem Respekt und Vertrauen, offen und gleichwertig zwischen den Dialogpartnern geführt, trägt zur körperlichen, seelischen und mentalen Gesundheit jedes Menschen bei. Diese bewusst entschiedene konstruktive Haltung zum Gespräch ermöglicht in allen gesellschaftlichen Lebensbereichen, in Organisationen und weltumspannenden Einrichtungen einen Austausch, der Verständigung und Einigkeit global fördert.

Voraussetzung hierfür ist die Anerkennung und der Respekt vor dem eigenen inneren Gefühl, der Achtung und Wertschätzung der eigenen inneren Stimme, die mich unterstützt und mit der ich im Dialog bin.

Der innere Dialog

Der innere Dialog, den ich mit mir selbst führe, wirkt sich auf die Art und Weise wie ich mit anderen kommuniziere direkt aus.

Ich vergegenwärtige mir eine Frage oder ein Thema, das mich beschäftigt. Ich nehme mir Zeit und konzentriere mich darauf. Um meine Grundhaltung zu erkennen, nutze ich die folgenden Fragen:

- Was halte ich von mir bezüglich dieser Thematik?
- Ich betrachte meine Einstellungen.
- Nehme ich mich an, oder bin ich unzufrieden mit mir und verurteile mich?
- Sehe ich meine Schwächen?
- Was halte ich für schwach an mir?
- Sehe ich meine Stärken?
- Was halte ich für stark an mir?
- Was halte ich von anderen, die mit dieser Sache zu tun haben?
- Bin ich bei persönlichen Bewertungen beeinflusst von anderen (Freunden, Partnern, Familien, Kollegen)?
- Wie reagiere ich auf widersprüchliche Gedanken und Gefühle?
- Entstehen die Widersprüche in mir, oder kommen sie durch äußere Widersprüche, die ich aufgenommen habe?
- Habe ich Angst?
- Wovor habe ich Angst?

- Habe ich Humor?
- Worüber kann ich lachen?
- Habe ich Mut und Zuversicht?
- Finde ich hilfreiche, konstruktive Lösungen?
- Wie sehen diese umgesetzt aus?
- Kann ich mir selbst verzeihen?
- Kann ich anderen verzeihen?
- Kann ich die Verzeihung anderer annehmen?

Urteilsfrei anerkenne ich meine innere Wahrheit, die Wahrheit in meiner Beziehung zu mir und den anderen.

Im Ausgerichtetsein bleibe ich in meinem inneren Dialog konstruktiv im Fluss. Ein stetes kreisendes Fließen vom Verstand zum Herzen zum Bauch und wieder zum Verstand und dann zum Herzen ermöglicht mir, ständig neue Kraft zu schöpfen aus meinen inneren Quellen.
Ich erfahre mich auf diese Weise ständig neu, ich zeige mich gesammelt, offen, freudig in der Kommunikation mit mir und anderen.

Wenn die Vielfalt der Eindrücke im Gespräch zu unübersichtlich wird und mich verunsichert, konzentriere ich mich auf meinen Herzbereich. Die Weisheit meines Herzens in der Wahrnehmung komplexer Sachverhalte ist der Urteilskraft meines Verstandes weit überlegen und daher vorzuziehen.

Die tiefste Weisheit des Herzens ist rein und klar und voll Mitgefühl und Liebe.

Die wechselseitige Achtung und Wertschätzung in meiner inneren und meiner äußeren Kommunikation schaffen emotional befriedigende Gespräche und Beziehungen.

Sollte in schwierigen Begegnungen und langwierigen Gesprächen die Zuversicht für ein gutes Miteinander nachlassen, bleibe ich innerlich ausgerichtet und lasse mich von dem Merksatz leiten:

„In diesem Gespräch soll nur das Höchste und Beste für die anderen und mich zum Ausdruck kommen."

Mit dieser Haltung verändere ich meinen Fokus zum Konstruktiven hin, die notwendige Voraussetzung um den Weltfrieden für uns alle zu erreichen und erhalten.

Entspannung und Meditation

Ein gesundes lebendes Wesen ist entspannt und präsent, ausgeglichen und gelassen, weit und offen.

Wenn ich die vorgenannten Eigenschaften leben will, dann achte ich auf meinen Körper, spüre seine Signale; ich achte auf meine psychische Befindlichkeit: Habe ich mich von der Ausgeglichenheit entfernt? Und ich achte auf meine Gedankenmuster: Habe ich die Weite und Offenheit meines Geistes verlassen?

Durch achtsames neutrales Beobachten erreiche ich ein immer genaueres Wahrnehmen meines augenblicklichen Zustandes. Ich treffe dann meine Wahl, welchen Schritt ich als nächsten setze.

Ich kläre zunächst ab:
Brauche ich eine Pause mit regenerierender Entspannung oder Schlaf oder stärkende gesunde Nahrung oder ein konfliktklärendes Gespräch oder angemessene Bewegung um Belastungen loszulassen, um mich dann danach zu entspannen?

Die Entspannungsübung besteht aus 3 Teilen, die aufeinander aufbauen und in der angegebenen Reihenfolge geübt werden.
Nach jedem Teil kann die Übung durch die Rücknahme beendet werden, die bewusste Beendigung des Entspannungszustandes, die mich in mein Alltagsbewusstsein zurückführt.

1 Vom Alltag in die Entspannung

Alle Ablenkungen des Alltags schalte ich weitgehendst aus (Geräte, Medien, Außenreize). Ich befinde mich bequem auf einer Unterlage. Ich spüre sie. Ich atme mehrere Atemzüge lang tief ein und aus.
Ich spanne die Hände kräftig zu Fäusten an, atme ruhig weiter, halte die Spannung ungefähr 5 Sekunden und lasse los.
Ich atme 10 Atemzüge lang ruhig weiter.

Ich atme tief ein und aus und spüre Wärmeströme von den Lungen und dem Herzen in die Arme und Hände, in die Beine und Füße sich ausbreiten.
Nun winkle ich die Arme an, ziehe die Schultern hoch und spanne jetzt die an diesen Bewegungen beteiligten Muskeln kräftig 5 Sekunden an, lasse los und spüre 10 Atemzüge lang nach wie die Anspannung allmählich abklingt.

Jetzt spanne ich die Brustmuskulatur und die Bauchdecke an, presse die Gesäßmuskeln zusammen, spanne die Oberschenkelmuskeln an und ziehe die Fußzehen kräftig ein, halte die Spannung 5 Sekunden, lasse los und beobachte, wie während der nächsten 10 Atemzüge die Spannung immer weiter zurückgeht.

Der Körper dehnt sich allmählich aus in einen entspannten Zustand. Ich werde immer ruhiger. Ich fühle mich immer wohler.

2 Von der Entspannung zur Tiefenentspannung

Gedanken über Alltagsprobleme, die während der Entspannung kommen wollen, lasse ich jetzt zu, auch Alltagsprobleme, die sich aufdrängen. Deutliche Bilder entstehen vor meinem inneren Auge. Ich atme bewusst und tief.

Einatmend nehme ich die Bilder wahr – ausatmend lasse ich Bild für Bild los. Alle Bilder, Gedanken und Gefühle lösen sich auf wie Wolken im Wind, die rasch davon eilen.

Über die Atmung breiten sich erneut Wärmeströme im ganzen Körper aus. Tiefer und tiefer sind die Empfindungen – ich spüre die Ausdehnung des Körpers. Gelassenheit breitet sich aus.

Dinge sind wie sie sind.

Ich akzeptiere.

Eine heilsame innere Distanz unterstützt die weitere Vertiefung der Gelassenheit.

Ich genieße diesen tiefen Entspannungszustand.

3 Von der Tiefenentspannung zu heilsamen Energien

Ich spüre diesen tiefen Entspannungszustand noch deutlicher und schaffe Raum. Ich schaffe immer mehr Raum, soviel wie mir angenehm ist. Im Körper breitet sich dieser Entspannungszustand bis in die kleinsten Zellen aus, ich spüre wie neue Energie mich durchströmt, heilsam und kraftvoll.

Harmonische Empfindungen breiten sich aus. Immer mehr Freude und friedliche Ausgeglichenheit entstehen. Heitere Gelassenheit, Geborgenheit und Vertrauen in die Schöpfung und den Schöpfer geschehen.

Ich lasse geschehen, ich bleibe neutral. Ich lasse Heilsein auf allen Ebenen zu. Ich bin dankbar. Ich genieße die Harmonie und die Tiefe der Erlebnisse.

Nach einiger Zeit kehre ich gestärkt und vital in den Alltag zurück.

Ich schließe die Übung mit der Rücknahme:
Ich balle meine Hände zu Fäusten,
beuge fest mehrmals meine Arme,
recke und strecke mich und atme tief ein
und aus und komme zurück in den Alltag.

Selbstheilungsmöglichkeiten

Menschen können mit Energie auf folgende Weise umgehen:

1. Alles hat grundsätzlich die gleiche Neutralenergie.
2. Ich kann jede Energie, die sich mir anbietet, absinkend, anhebend oder gleichbleibend benutzen.
3. Ich entscheide jedesmal selbst wie lange und wieviel Aufmerksamkeit ich auf die anhebende Energie verwende.

Selbstheilung mit Pflanzen, mit Tieren, mit Menschen

1. Ich gehe in einen Botanischen Garten/Park mit üppigen Blumen/Pflanzengarten/in die freie Natur.
Ich setze mich still hin, atme tief.
Ich verbinde mich mit der Pflanze, die mich am meisten, nur anhebend, anspricht.
Ich verbinde mich nun mit dem Teil der Pflanze, der mich am meisten anspricht.
Ich versuche diesen Teil in mich einzuatmen.
Ich lasse diesen Teil sich in mir ausdehnen in den Körperbereich -teil, das Körperorgan, welches am meisten darauf anspricht.
Ich bewahre/fixiere das Erlebte in mir und integriere diese Energie in meinem Gesamtkörper und meinem Körperenergiefeld.
Ich danke und lasse die äußere Verbindung bewusst wieder los und bin frei.

2. Ich begebe mich in einen Park/Zoologischen Garten/Tierpark/Freigehege/in die freie Natur.
Ich setze mich still hin, atme tief.
Ich verbinde mich mit dem Tier, das mich am meisten, nur anhebend, anspricht.
Ich verbinde mich nun mit dem Teil, der Eigenschaft, dem Verhalten des Tieres was mich am meisten anspricht, nur anhebend.
Ich versuche dies in mich einzuatmen.
Ich lasse es sich in mir ausdehnen und gebe ihm genug Raum im Gesamtkörper, Körperteil, Organ, in der Psyche, einer Teilempfindung.
Ich bewahre/fixiere das Erlebte in mir und integriere diese Energie in meinem Gesamtkörper und meinem Körperenergiefeld.
Ich danke und lasse die äußere Verbindung bewusst wieder los und bin frei.

3. Ich begebe mich unter Menschen.
Ich suche dort einen Platz zum Ausruhen und Verweilen. Ich atme tief. Ich verbinde mich mit einem Menschen, der meine Aufmerksamkeit anspricht (Säugling, Kind, Jugendlicher, Gleichaltriger, Älterer, Greis), nur anhebend. Ich verbinde mich mit dem Ausdruck, der Wirkung, der Eigenschaft, dem Verhalten des Menschen. Ich atme dies in mich ein.
Ich lasse es sich in mir ausdehnen im Gesamtkörper, Körperteil, Gesamtpsyche, im Geist.
Ich bewahre/fixiere das Erlebte in mir und integriere diese Energie in meinem

Gesamtkörper und meinem Körperenergiefeld. Ich danke und lasse die äußere Verbindung bewusst wieder los und bin frei.

Selbstheilungsmöglichkeiten mit

Farben:
einatmen, sich auffüllen, sich umhüllen, fixieren.

Formen:
sich umhüllen, stützen, sich stärken, fixieren.

Düfte:
einatmen, sich auffüllen, fixieren.

Geschmacksrichtungen:
aufnehmen, sich auffüllen, fixieren.

Wohlfühlwetter/Klimate/Temperatur:
durchdringen, fixieren.

Naturgeräusche und Rhythmen:
aufnehmen, durchfließen, fixieren.

Töne und Melodien:
einatmen, sich ausbreiten lassen, fixieren.

Bewegungen und Tänze:
einatmen, sich durchdringen lassen, fixieren.

Selbstheilung kann auch durch Verbindung/Gebet, mit Mineralien/Elementen, Gestirnen (Planeten, Sonnen, Universum) und im Kontakt mit feinstofflichen Wesen (Höheres Selbst, geliebte Verstorbene, Heilige, Lehrer, Meister, Engel, Erzengel) und dem Göttlichen (Gespräch, Licht, Ton) direkt geschehen.

Krankheit, Tod und Spiritualität

Trotz meiner vielfältigen Erkenntnisse und regelmäßigen Bemühungen um meine Gesunderhaltung (Prävention), kann ich krank werden. Diese Krankheit kann meine Existenz auf der Erdebene wesentlich einschränken, bedrohen und sie sogar (vorzeitig) beenden.

Neben der wirklich notwendigen medizinischen Beratung und Therapie, die ich einhole und einhalte, bin ich durch den Leitsatz dieses Büchleins „Jeden Tag lebendig sein“ weiterhin aufgerufen, selbstverantwortlich und aktiv zu sein, mich um mich selbst zu kümmern.

In meinem eingeschränkten Zustand lasse ich jeden Tag die nun zu dieser Situation bestmögliche Fürsorge und warmherzige Selbstdisziplin walten. Ich suche die passende Bewegung, Ernährung, Entspannung und Kommunikation für mich aus. Auf diese Weise kann ich in den meisten Fällen meinen jetzigen Zustand verbessern bzw. stabil halten. Dazu gehört die Bitte um Unterstützung durch andere um meine Lebendigkeit und Lebensfreude auch hierbei zu erhalten.

Ich kann schmerzvolle Überraschungen und Erfahrungen nicht verhindern, die beste Vorbereitung jedoch auf ein bewusstes Kranksein und Sterben ist ein präventives Verhalten. Wenn ich meine Möglichkeiten bis zu meinem persönlichen Grenzbereich ausschöpfe, verliert auch der Tod seinen Schrecken. Insofern wird im Einzelfall das Unmögliche möglich und lässt uns bewundernd staunen.

Hierzu folgende anregende Betrachtungen und Fragen.
Ich betrachte den vergangenen Tag, die vergangene Woche/Monat/Jahr und halte bewusst Rückblick:

Was hat mich an diesem Tag/Woche/Monat/Jahr zufrieden gemacht?
Was habe ich gelernt über mich und andere?
Habe ich heute meine Fähigkeiten und Talente entfaltet?
Habe ich anderen dabei geholfen?
Habe ich mich anerkannt in meinen Bemühungen?
Habe ich meine Freunde, Partner, Familie und Kollegen anerkannt in ihren Bemühungen?
Habe ich ausgesprochen, was mir am Herzen lag?
Habe ich rechtzeitig geschwiegen, um Schlimmeres zu verhüten?
Habe ich jeweils rechtzeitig gesprochen bzw. geschwiegen?

Was werde ich am kommenden Tag (wenn er mir geschenkt wird) in bessere Bahnen lenken?
Wie werde ich bei mir und bei anderen Kummer-und-Sorgen-bereiten vermeiden?
Habe ich heute meinen Handlungsspielraum ausgeschöpft, um Missverständnisse auszuschließen bzw. gering zu halten (durch klare Worte, eindeutige Fragen und Antworten und authentische Handlungen)?

Könnte ich heute noch vertrauensvoll und ruhig, gelassen und zufrieden diese Erde verlassen und weiterschreiten?
Gibt es unerledigte Geschäfte und ungelöste Aufgaben bei mir oder mit anderen?
Habe ich mir und anderen auch Unverzeihliches vergeben?
Bin ich von mir und anderen genug geliebt worden?
Was habe ich dazu getan (Freiräume geschaffen, Aufrichtigkeit gezeigt, Muße gelebt, Freude/Liebe geteilt)?
Was habe ich vermieden?

Was erwarte ich nach meinem Übergang?
Werde ich Angehörige treffen, geliebte Freunde oder Partner?
Werden mich geistige Lehrer, Weise, Engel oder spezielle Religionsführer geleiten und weiter- und höherentwickeln?
Billige ich mir ein Weiterleben nach dem Tode (Übergang) in höchstem und bestmöglichstem Sinne zu?

Werde ich direkt mit Gott vereint?

Was geschieht mit meinen Angehörigen?
Gibt es für sie ein Weiterleben?
Erwarte ich einen ausschließlichen körperlichen Zerfall?

Ist und war mein jetziges Leben für mich nur ein Glied in einer Kette von vergangenen und zukünftigen Leben?

Bin ich durch Gebet und Meditation bereits jetzt in der Lage, für meine Seele, mein Höheres Selbst bessere Bedingungen für höhere Dimensionen zu schaffen?

Habe ich die Kraft, der Weisheit des Herzens und dem höheren Verständnis meiner Seele zu vertrauen?

Habe ich die Vorstellung, dass ich meinen irdischen Willen gemeinsam mit meinem Körper loslassen kann und zuversichtlich und vertrauensvoll weiterschreiten kann mit all dem, was mir noch bleibt?

Habe ich den Willen und Glauben, den Wagemut und die Begeisterung mich direkt dem Göttlichen zuzuwenden und für meine Höherentwicklung um Unterstützung und Führung zu bitten und mich diesem neuen Lebensgefühl hinzugeben und die daraus erwachsenden Segnungen zu empfangen?

Bei Zweifel und Verwirrung, Unsicherheit und Niedergeschlagenheit kann ich sooft wie notwendig ruhig und sicher aus vollem Herzen bejahen:

„Leben, Leben, Leben. Ich habe Mut zum Sein in jeder Lebensform und Dimension.“

Das Bewusstsein der Endlichkeit des irdischen Daseins begleitet mich jeden Tag als sanfter Mahner und spricht zu mir in vielen Reflexionen. Die eigene Krankheit verhilft mir zur Wertschätzung von Gesundheit; auch die in meiner Phantasie mir vorgestellte eigene Krankheit und die bei anderen miterlebte Krankheit.

Der eigene bevorstehende Tod erfüllt mich mit Achtung und Dankbarkeit für das Leben; auch der in meiner Phantasie mir vorgestellte eigene Tod und der bei anderen miterlebte Tod. Er kann auch die Reflexion über bereits vergangene Leben und zukünftige Erfahrungen in anderen Dimensionen einschließen.

Eine bewusste Entscheidung zwischen den Grundgefühlen Angst und Freude ist hier zugunsten der Freude möglich. Sie verändert meine Trauer über das Unausweichliche und die der anderen in gleicher Lage.

Es entsteht Stille.

Die Stille weitet sich aus zum Himmel auf Erden, der hier ist, der für uns fühlbar ist, wenn wir ihn ausbreiten helfen durch jeden lebendigen Moment. In ihm ist alles enthalten.

Dankbarkeit gegenüber dem Schöpfer, der Schöpfung und seinen Geschöpfen bleibt. Die Dankbarkeit drückt sich aus in

Jeden Tag lebendig sein.

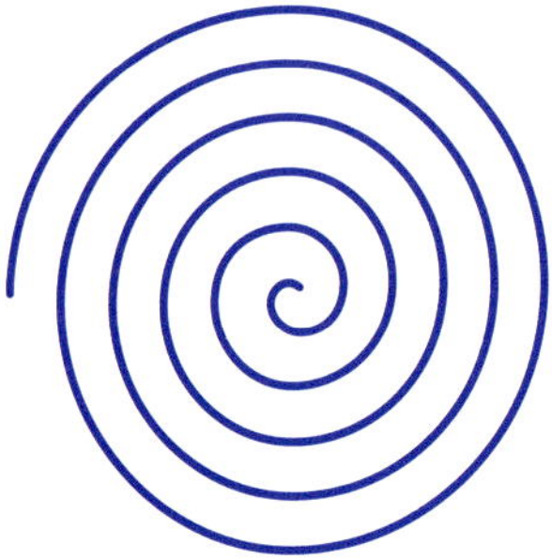

Introduction

Prevention is also a way of preserving the Creation.

Health is already within us.
Everything we need exists and is available to us.
We must only remind ourselves of this and allow us to feel this.

Every creature, every plant, every animal and every human being strives constantly to remain healthy. Creation's manifold vital resources promote health in us daily, consciously or unconsciously.
In this little companion book, we focus on how we can contribute to this process consciously.

What can I do each day (every hour) to promote my health? There are 4 areas of orientation: Movement, Nutrition, Communication, and Relaxation & Meditation.These maintain, strengthen or weaken my health, depending on the measure of application of each one. We conclude our review of the concept of prevention with the necessary subjects of disease, death and spirituality.

In every individual, the ability to maintain health depends primarily on personal habits, inclinations, innate propensities and educationally conditioned behavioural patterns. In most cases there is in each person emphasis on one of the 4 areas of orientation mentioned above.

Several factors can prevent or disturb the maintenance of our health. Physical symptoms due to imbalanced nutrition, or imbalance of movement, or stress and exhaustion, or interpersonal conflicts during discussions, or unexpected confrontations with disease and death – all of these have influence on our state of health.

Each of these may affect the preservation of our physical and mental health. If our flow of energy is blocked by such a factor, we are in need of a few tips on how to regain our natural balance. Every region of the Self is of equal importance and value, and each reader must use his own judgement to decide on how much attention he gives to any one.

Let yourself be guided by your innate wisdom. (To reinforce this effect, the communication form will be in the first person [the "I" form] from now on).

Movement

Movement is life – the cosmos
is in a constant state of flux and motion.
Everything flows.

The greatest movements expand into the infinity
of the Universe, while minuscule ones are now
being explored by science.

Solids, liquids and gases are in constant
motion – each in its own and specific way.

The motion which is at the centre
of attention in this book is represented
by the movements of my own body and those
of my fellow humans, of animals, and of
plants in my environment.

Motion and breathing express the life in me.

Every morning, my awakening is a new chance to be consciously alive. With the first rays of sunlight, I stretch my body and yawn while opening my eyes. I smile at myself in the mirror knowing that I will be moving all day long, making countless movements both consciously and unconsciously.
I am grateful for these possibilities.

When brushing my teeth, I observe how nimbly and independently my hand and fingers move. My hand grips the toothbrush, and my wrist makes the necessary rotational up-and-down movements, supported by the elbow. If I feel like it, I can stand alternately on my right or left foot or rock up and down or stretch and retract my toes.

While preparing my breakfast, I experience how my body performs the requisite movements immediately I think them. The same happens when I set the table, when I sit down, when I pick up a piece of fruit and cut or chop it, when I pour a drink into a cup or glass while holding the coffee pot or jug.

While eating, I feel the movements of my teeth, jaws and tongue involved in chewing. While I enjoy my meal, my body moves unconsciously all the time to digest what I eat or drink. After this meal, I rest for a few minutes.

If I want to take part in some kind of sport in the morning, I change my routine and leave my stomach almost empty.

Now I am well prepared for further activity.

I may do early morning exercises (running, jogging, swimming, cycling, Tai Chi, Yoga, QiGong), walk to my office or workplace, take advantage of exercise opportunities or gymnastics, take a morning walk in fresh air, do some shopping or engage in similar activities, or be active in a whole range of other ways.

On a day on which I choose to consciously experience myself through my movements, I may, for example, pay particular attention when walking on how my body weight shifts from one foot to the other, how equilibrium is preserved by minimal body movements, how my muscles perform every movement quite naturally. I may decide to walk up the stairs instead of using the lift or escalator. Or I may decide to walk instead of taking the car.

However, even during any unavoidable travelling by train, bus, airplane or car (in the latter case, only when the car is stationary), I can continue to make movements. This may be a a welcome opportunity to perform a few for a short while:

> repeated tensing and relaxing of my leg muscles, gentle rotation of my head, repeated rotation of my shoulders forwards and backwards and repeated and deep breathing in and out.

This keeps my circulation moving while relieving and relaxing my limbs.

If I continue to observe my body I can discover with time if there are tensions or if there are any feelings of unease. I pause for a few moments and listen to my internal movements and follow my body's reactions and impulses. The more space I give my body, that is to say the more attention I regularly pay to the movements internal and external of my body, the more my body, thoughts and feelings become a unified whole.

My sensitivity for myself as a holistic being grows, and bodily contentment and mental balance increase continuously. The more I become conscious of this, the more my respect and understanding for my body grow as well as my readiness to support and promote its well-being.

Some exercises which enable my revitalisation when needed are described below.

This is how tired legs can be pepped up:

> After having been seated for a long time I can rotate my feet in one direction and then in the opposite direction to loosen up the ankles and to promote blood flow. I can raise my legs to a horizontal position while at the same time bending and then relaxing the feet. Then I can carefully repeat this movement several times.

If my eyes are overstrained by precision work, by reading newspapers or books, by watching TV or through viewing monitors, they can be easily relaxed by

> rubbing my palms together until they are warm, subsequently placing them on my closed eyes – leaving the nose uncovered – and breathing calmly and regularly. This is repeated several times. In this manner the eyes can rapidly revitalise.

If I want to strengthen my eyes after looking for a prolonged period in one direction, the following two exercises can help:

I look out of the window into the far distance, keep my head straight and focus on a point that is as far away as possible.

Starting from the tip of my nose, I imagine a string extending from there to this distant point. My eyes now slide attentively from the tip of my nose along this imaginary string to this point and back again along the same track.
I breathe calmly and regularly and repeat this movement several times.

I can also move my eyes gently, calmly and almost playfully by imaginary redrawing of the outlines of objects (pleasant forms, a bouquet of flowers, a tree, blossoms) by means of a small imaginary paintbrush fastened to the tip of the nose; I rotate this outline sideways to one side and then to the other side and repeat this several times.

These are suggestions. Depending on the situation, requirements, body sensations and available time, I may select one or several exercises. I can try out new variations carefully and cautiously and even extend these to other exercises wherever and whenever appropriate.

Through the experience of eye movements to the left and right, I realize that until now I have not used my eye muscles to their full extent or potential.

For my body's benefit, I can therefore try to feel more distinctly what is right-sided and left-sided in my entire body. For this purpose I develop suitable exercises for the right and left halves of my body.

If I have not exercised this balanced two-sidedness before I will most probably prefer certain actions to be executed by the right or the left side of my body, for example putting my right foot first, grasping the phone with my right hand, etc.

By playfully abandoning my habitual action to give the other half a chance to try out a novel variation, I discover more and more the hidden potential of my body.

New challenges and self-imposed tasks are more likely to be successful by playful efforts than forcefully achieved actions which may lead to resignation and even rejection if overdone.

If I execute movements awkwardly that are off the beaten track, I may gently say to myself:

"Everything is good and leads to something even better."

If my movements are restricted, for example after an accident or due to illness, my mind remains alert with just one thought:
"I am grateful for what I am able to perform today, and look forward to improvements from day to day."

I am more and more likely to find the right measure of activity, the more my movements, not only in this particular case but also in general, are not directed or commanded by any external source and are executed without pressure from any group. This is especially the case if these movements are executed with care and caution and are the result of my own deliberations.

I can experience this most intensely when taking a walk in natural surroundings and breathing the fresh air and thus recuperate and regain my original strength.

I feel how I am walking on solid ground and how the soles of my feet roll free from heel to toe. On walking more quickly, I feel my entire body moving in the rhythm of walking. The movement of my arms and shoulders increases, I breathe more deeply and my body is healthily alive. When slowing down, my movements diminish and breathing becomes calmer.

I discover my natural rhythm of walking
and can now consciously combine it with
my inhaling and exhaling.
I walk.
Movement and breathing combine in harmony.
I feel how my chest expands and my lungs
open up.
I breathe.
I breathe like all living things breathe, and
with my breath I am in communication
with all that is alive.

If I like, I may practise a small but effective
open-air exercise for the benefit of my heart
and circulation and also another exercise
to widen my chest and lungs.
Both exercises may also be practised indoors.
I look for a comfortable location.

Strengthening Exercise

> I stand upright and move both stretched-out
> arms sideways upwards from below until
> they are at right angles and then lower
> them again until they point downwards.
> During the movement I continually open
> and close my hands and repeat this exercise
> 3 or 4 times.

Then I stop for a few minutes and experience
the movement once again in my mind.
This exercise makes me feel stronger.

Widening my chest and lungs

> I stand rigid and upright. My arms point downwards. Now I elevate them in a stretched position slowly by about 45 degrees. The palms point forwards, and I breathe naturally and deeply while inhaling and exhaling. In the rhythm of my breath I move my arms, swinging gently forwards and backwards by about 30 cm (like a bird's wings) and I let the arms sink downwards again to their original position. I repeat this movement several times if necessary.
> I can now breathe again freely and easily.

I recollect how naturally and as a matter of course, children and animals move and express their joy of living.

Rest pauses are also part of movement, for they are necessary to avoid over-exerting the body and to maintain a state of equilibrium. Children and animals can also be my examples in this regard, seeing how they glide from movement to rest naturally, regaining harmony.

With plants, I can also observe how periods of rest alternate with periods of growth so that during the rest pauses, the forces of growth may recuperate and develop.

They are in movement, like everything that is alive, thanks to the innate wisdom of their bodies which is the wisdom of Creation. Life is a dance, both internally and externally, and I am invited to take part.

Perhaps I will allow the day to come to a harmonious end and dance at home to my favourite music or with friends or new acquaintances at festivals and events. I allow my body to move quite intuitively to the rhythm of the music and I feel how it responds and adapts itself to the movements. I enjoy my aliveness and that of the others.

Life is dancing around me and I am part of that life.

To have passed good hours with my body signifies:

- I listen to its signals and I take them seriously.
- I adjust myself to its requirements as far as circumstances permit.
- I do for my body whatever is possible and convenient, and I give my body a chance to revitalise itself and to regain its equilibrium.
- I take the liberty of caring for myself and to be as healthy as I possibly can.

To do everything I possibly can to maintain
my health or to regain it is a decision
I take for myself and for my life daily anew.

Consequently I can live according to my
aptitudes and abilities in the right measure
and express them in external reality.

I rely on the impulses of my bodily wisdom.

I also rely on all other signs of what is
alive in me, especially regarding the
choice of balanced and adequate food.
These will be dealt with in the next chapter
and find their proper place.

Nutrition

Natural and unmanipulated food is one of the most comprehensively essential prerequisites for general health.

Receptive for, full of confidence in, and without prejudice against all the good things offered by Nature's range of natural foods, I am guided by my feelings and perceive whatever my body needs.

Liberating myself from the shackles of outdated patterns and behaviour, and recreating a feeling for my body, I approach my own self anew.

The more I become aware of my body and its needs and accept them, the more my acceptance and feeling of responsibility for the requirements of my health grow, and also for the source, production and processing of foodstuffs for my own use.
The feeling for my requirements regarding nutrition and for that of the plants and animals, as well as for my responsibility for them, also grows.

I recollect the origins of food: simple and harmonious and in agreement with the principles of Creation.

I have deliberately and consciously decided in favour of food originating from biologically oriented, mostly local areas and base my choice of food on whatever the seasons offer.

Natural and balanced food consisting of full grain bread, rice, potatoes, vegetables, peas and beans, salads and fruits supplies valuable ingredients such as carbohydrates, fat, protein, as well as dietary roughage, vitamins, minerals, trace elements and secondary plant substances, all of high nutritional value and of high quality.

It is an essential requirement of my body to drink a sufficient amount of water every day. The human organism needs at least 1.5 to 2.5 litres of pure water daily, depending on body weight, activity and climate. In addition I may also drink moderate quantities of herbal tea, juices, grain coffee. I mostly abstain from stimulants such as coffee, tea and alcohol as far as possible. Milk products, cheese, eggs, sausages, meat and fish, sugar and fats, cakes, sweets and chocolate are items which I consume sparingly to rarely.

When buying foodstuffs I am guided by the inborn knowledge of my body and by my feeling for whatever is natural. What appeals to me here and now? What elicits my response?

I try to listen to myself to feel what my body really needs. If I rely on my body and listen to what it tells me, I experience a feeling of peace.

My feeling for suitable nutrition grows, as well as for the right quantity and the right time to eat.

My awareness grows thanks to my conscious choice of food, its careful preparation and the grateful enjoyment when eating.

Simple, peaceful eating is a "practical exercise". The more often I buy simply, make lunch simply, cook and eat simply (chewing slowly and thoroughly to extract the full taste) the easier it becomes and the better I feel.
Gratitude and enjoyment of tasty food spread to every body cell, tissue and organ.

On some days when it may be difficult to feel what I really need, it will help to stop and breathe consciously, to sense my body and to rely on my inherent knowledge.
Even to wish to remain for several hours or days without solid food (periods of fasting) may be my body's need. I allow myself to be guided intuitively.

Step by step, I become better acquainted with myself and arrive in this manner at selecting an adequately natural nutrition.

I may perhaps prefer to experience a day of conscious eating and write down what I experience, or to eat for a few days in this simple and conscious manner.

The following 5 exercises may be tried out to allow myself to become accustomed to holistic habits of eating and drinking.

5 precepts relating to eating and drinking (to be complied with for 10 days in succession):

1. I decline everything rejected by my body, feeling and intellect (similar to the natural way infants react between the age of one and two)!

2. It is absolutely unnecessary to feel any empathy for situations or persons concerned with eating or drinking that are at present not required by me. In all such cases I remain neutral and do not display interest in offers to drink or eat.

3. I try to correct as quickly as possible even the slightest feeling of discomfort by refusing to eat anything that causes it (too strong, too much, too sweet, too acidic, too fat, too salty, too spicy, too thirsty, too hungry, too late, too early, etc.).

4. There is a constant dialogue between myself and my body: How does my stomach feel? My liver? My gallbladder? My intestine? How does my skin feel? I always choose and do whatever is right.

5. My behaviour is natural, friendly, considerate, disciplined and grateful to my body for what it gives me (breathing, digestion, movement, metabolism, sensory perceptions [hearing, smell, taste, seeing, tactile]).

Every day, morning and evening (perhaps on the first day hourly) I remain conscious of these precepts, and I am grateful for everything that was good in respect to eating and drinking that I was allowed and able to imbibe today. I remain attentive and mindful.

My nutrition considerably influences my health. With many of today's diseases of civilization, nutrition is also at fault, as well as errors in daily habits.

If my body is supplied with the right food that is both healthy, safe and in reasonable amounts, and if I prepare my food with care and take my time to eat and enjoy it, I will experience a sense of internal balance within a few weeks. This is a balance expressed by a feeling of harmony of body and soul as well as in my mind. There will be an increasing amount of care and respect for healthy nutrition.

My body is also sustained by stimulating thoughts and intense feeling as well as by a multitude of sensual impressions and experiences based on natural occurrences and on conscious breathing.

My decision to lead a health-conscious life determined by modesty, gratitude and joy does not just render my body healthy.
I feel my entire Self undergoing a holistic change affecting all walks of life, my social contacts and, last but not least, my entire environment, which is also affected by the changes in myself.

"With the heart, I take up a healthy and living nourishment again."

Communication

Communication, contact and exchange of opinions and thoughts with others greatly influences the everyday patterns and shaping of my life. As well-balanced nutrition promotes my health, so my strength increases when exchanging views with other persons.
An essential contribution to health promotion is the ability to conduct discussions that resolve problems and conflicts through exchanges with the right people in an appropriate setting and atmosphere while choosing appropriate subjects for discussion at the right time.

Everything I experience externally and absorb mentally is based in my mind on four basic attitudes:

1. I accept myself and the other person on an equal level.
2. I accept the other person as superior while devaluing my own worth.
3. I consider the other person to be inferior while elevating myself.
4. I accept neither myself nor the other person by devaluing both.

Successful or unsuccessful intercommunication derive from such attitudes to myself and to others.

In repeating certain basic attitudes, these become habitual for me and become my preferred mode of communication, and decisive for the success of my future communication. Practising the first of these basic attitudes listed above is therefore worthwhile.

How do I notice that my conversation reflects the basic attitude of mutual appreciation of my discussion partner and myself?

If my goal is mutual respect between my partner in the discussion and myself in order to arrive at mutually profitable results as the best way to achieve successful communication, then this attitude must be practised again and again until it becomes second nature.

I recollect a discussion during which I succeeded in achieving the full understanding and appreciation of my partner, whom I also understood completely.

I recall this discussion while observing the following aspects:

My attention is focussed on my body posture the expression it conveyed, and on my hands and arms, legs and feet.

Was there eye contact between myself and my discussion partner?
Did I smile?

How did I react when something was not quite clear to me?
Did I ask for clarification?

Was there any change in my mood or feelings during the conversation?
Was I satisfied with the way I expressed my opinion and my standpoint?
How did I feel before, during, and after the discussion?
Did I keep to my preferred attitude or did this change in course of time?
If I had an opportunity to repeat the discussion, would I correct anything I said?

My experience is that during the exchange of views on an equal level, the posture of each person's body is that of facing towards each other in an attitude of openness.
There is eye contact, and our expressions are relaxed. Harmonious movements, for example of the hands, affirm what has been said.

We listen to each other and exchange questions to clarify matters. If anything remains unclear, we do not hesitate to ask once again, even if the matter seems simple.
Our mutual interest in the discussion continues to be honest, full of patience and concentrated on what is essential.

My object is to understand and to aim at understanding my partner in the discussion.

This has created an atmosphere of mutual trust, respect and confidence in which new ideas, thoughts and approaches may unfold at anytime. And we are grateful and feel elated and inspired.

To know more about the effects of the other three basic attitudes it is worthwhile to acquaint myself with them. To this end I may recall a suitable previously experienced situation of a discussion or results from reading a book or listening to a radio or watching a TV programme. Based on the questions applied for the first basic attitude, I shall now reconsider the attitude, feelings and thoughts of the participants under this new aspect.

An attitude during a discussion which is based on mutual respect and confidence and which is frank and conducted on an equal footing between the individual partners will contribute to every human being's physical, innermost and mental health. This consciously chosen constructive attitude enables an exchange of ideas in all spheres of social life, in organisations and in worldwide enterprises promoting mutual global understanding and unity of purpose.

The essential prerequisite is to acknowledge and show respect for my own inner feelings and respect for my own innermost voice which supports me and with which I have entered into a mutual dialogue.

The Internal Dialogue

My self-dialogue directly affects my approach to my direct communication with others.

I reflect internally on a question or subject that engages my attention. I take my time and concentrate myself on it. To recognise my basic attitude, I address the following questions to my own self:

- What is my attitude to this subject and what does it mean to me?
- I consider my own opinion in this question.
- Do I accept myself or am I dissatisfied and pass a negative judgement on myself?
- Do I recognise my weak points?
- What are my weak points, in my own opinion?
- Do I recognise my strong points?
- What do I consider to be my strong points?
- What is my opinion of others who are involved in this particular subject?
- Are my personal opinions influenced by others (friends, partners, family members, colleagues)?
- How do I react to controversial thoughts and feelings?

- Do these controversial thoughts originate in my own self or are they due to external objections absorbed by me?
- Do I experience fear?
- What am I afraid of?
- Do I have a sense of humour?
- What can I laugh at?
- Do I have courage and confidence?
- Do I arrive at helpful and constructive solutions?
- What are these like after their translation into reality?
- Can I forgive myself?
- Can I forgive other people?
- Can I accept other people's forgiveness?

Free of any discriminatory attitude I acknowledge my innate truth, the truth of my own relationship to myself and to others.

I constantly aim at maintaining the constructive flow of my self-dialogue. A continuously circulating flow from my intellect to my heart and stomach then returning to the intellect and then back again to my heart enables me to continually generate new power from my innermost resources. In this manner I experience myself, I present myself calm and collected, open for everything and for all, happy when communicating with myself and with others.

If the multitude of impressions during the discussion becomes disconcerting, I concentrate on what my heart tells me. The wisdom of my spirit in appreciating complicated issues is far superior to any judgement based exclusively on my intellect. Hence, it is my preference.

The deep wisdom of my heart is absolutely pure and filled with compassion and love.

The mutual respect and esteem governing my entire internal and external communication results in emotionally satisfying discussions and relationships.

Should trust in a good discussion begin to wane during a difficult and long drawn out encounter, I shall retain my integrity by continuing to be guided by the axiom that:

"The present discussion shall convey nothing but the best for the participants and for myself."

This attitude focusses my emphasis on what is constructive, this being the essential prerequisite for achieving and sustaining world peace, which is our common goal.

Relaxation and Meditation

A healthy living being is relaxed and physically and mentally present, balanced and serene, open and receptive.

To translate these features into reality I must be aware of the signals emitted by my body; I must know my psychic condition. Have I moved away from the state of balance? I pay attention to my patterns of thoughts: Have I abandoned the expansiveness and openness of my mind?

By means of attentive, neutral observation, I achieve an increasingly accurate realization of my present condition. Then I decide on my next step.

First of all, I clarify:
Do I need a respite with revitalising relaxation or sleep or revitalising healthy food, or a talk to resolve existing conflicts or an adequate amount of movement to relieve stress in order to relax subsequently?

The relaxation exercise is made up of 3 parts, each part leading to the next and to be practised in the stated sequence. The exercise can be terminated after each of the parts by conscious termination of the state of relaxation, which leads me back to normal everyday consciousness.

1 From everyday routine to relaxation

As far as possible, I turn off or shield myself from everyday distractions (appliances, media, external sights and sounds).
I rest on a comfortable support. I feel the support.
I inhale and exhale deeply several times.
I clench my fists tightly, continue to breathe calmly, maintain the tension for about 5 seconds and relax.
I continue to breathe calmly for 10 breaths.

I breathe in and out deeply and feel a stream of warmth from the lungs and the heart, entering my arms and hands, legs and feet.
Then I bend my arms and draw up my shoulders; now I tense the muscles involved in these movements for 5 seconds, release them and sense for 10 breaths how the tension relaxes gradually.

Now I tense the muscles of my breast and abdominal wall, press my buttocks together, tense the muscles of my thighs and draw in my toes, maintain the tension for 5 seconds, release and then observe during the next 10 breaths how the tension abates gradually.

The body eases gradually into a state of relaxation and I become more and more calm.
A feeling of well-being grows steadily.

2 From relaxation to deep relaxation

I now permit thoughts to enter my mind concerning everyday problems, thoughts that came up during the relaxation period, even everyday problems that now come up very insistently. Distinct images visualize before my internal eye. I breathe consciously and deeply.

As I breathe in, I visualize the images, and as I breathe out I phase them out and release them one by one. They fade away quickly like clouds in the wind.

With my breathing, streams of warmth flow once more through my entire body. My feelings grow deeper and deeper – I experience the entire width and depth of my body. Composure spreads.

Things are as they are.

I accept.

A healthy inner distancing from myself deepens my composure.

I enjoy this state of deep innermost relaxation.

3 From deep relaxation to healing energy

My experience of this deep feeling of relaxation becomes even more pronounced and creates an increasing amount of inner space. I create more and more space, but only as much as seems comfortable.
This state of relaxation extends to the tiniest cells of my body. I feel new energy flowing through my self, an energy that is both curative and powerful.

Feelings of harmony spread increasingly and there is more and more joy and peaceful composure.
Serene calmness spreads out increasingly.
There is growing confidence in Creation and in the Creator.

I let whatever happens, happen. I remain neutral.
On all levels, I allow healing to take place.
I am grateful. I enjoy harmony and the deep experience.

At a later point, I return to everyday life enheartened and with enhanced vitality.

I conclude the exercise by retraction. I clench my fists, bow and stretch my arms firmly and repeatedly, have a good stretch and take a deep breath and exhale and return to the present.

Self-healing possibilities

Humans can deal with energy in several ways:

1. Everything possesses the same neutral energy.
2. I can decrease, increase or maintain at the same level all energy offered to me.
3. How long and how much I make use of the energy offered to me and how much attention I give it, is always my own decision.

Self-healing through plants, animals, human beings

1. I visit a Botanical Garden/Park with a plethora of flowers/a garden with plants/take an outing in nature. I calmly take a seat and breathe deeply. I connect with a plant which attracts my attention most, even if only inspiringly. Now I focus on that part of the plant which appeals to me most. I try to inhale this part into my own self. I allow this part to expand within me, into that part of my body, that organ which reacts most strongly. I retain/fix inside my own self what I have experienced and integrate this energy into my entire body and into its energy field. I am grateful and consciously relinquish the external connection and return to myself.

2. I visit a park/zoo/animal park or any other outdoor enclosure/take an outing in nature. I calmly take a seat and breathe deeply and connect with an animal which attracts my attention most, even if only inspiringly. Now I focus on that part of the animal, on that part of its bearing and characteristics which appeals to me most, even if only inspiringly. I try to breathe this into my own self. I allow it to expand within me and allow it sufficient space in my entire body, part of the body, organ, psyche, or as a partial sensation. I retain/fix inside my own self what I have experienced and integrate this energy into my entire body and its energy field. I am grateful and consciously relinquish the external connection and return to myself.

3. I move among people. I seek a place of respite where I may relax for a while. I breathe deeply. I connect with a human being engaging my attention (baby, child, adolescent, person of my age, elderly or very old person) even if only inspiringly. I connect with the expression, effect and behaviour of that particular human being. I breathe this into my own self. I allow it to expand within myself, in the entire body, part of the body, total psyche, in my spirit and mind.

I retain/fix inside my own self what I have experienced and integrate this energy into my entire body and its energy field. I am grateful and consciously relinquish the external connection and return to myself.

Possibilities of self-healing using

Colours:
breathe, fill oneself with them, envelope oneself, fixation.

Shapes:
envelope oneself, support oneself, strengthen, fixation.

Scents:
inhale, fill oneself, fixation.

Tastes:
intake, fill oneself, fixation.

Weather for wellbeing/climates/temperatures:
allow to pervade, fixation.

Sounds of Nature, rhythms:
take up, flow, fixation.

Sounds and melodies:
inhale, allow myself to be pervaded and fixed.

Movements and dancing:
inhale, allow myself to be pervaded and fixed.

Self-healing can also be achieved by means of spiritual connections/prayers, via minerals/elements, heavenly objects (planets, suns, the universe) and via contacts with what is astral, mystical and metaphysical (Higher Self, deceased loved ones, saints, sacred teachers, masters, angels, archangels) and directly with the Divinity (by talk, light, sound).

Disease, Death and Spirituality

I may fall ill despite my manifold self-realizations and my regular efforts to remain healthy (Prevention). My disease may substantially reduce or threaten or even (prematurely) end my existence on Earth.

In addition to the necessary medical advice and treatment which I seek and accept, the guiding principle of this booklet "Every Day Full of Life" and more exactly "Every Day Fully Alive" will always challenge me to be self-responsible and actively concerned about my own good.

In my now restricted condition, I exercise daily the best possible care and gentle self-discipline. I select the most appropriate movement, nutrition, relaxation and communication. In many cases this improves or stabilizes my present condition. This includes requesting assistance from others to promote my looking to the future with greater confidence and to promote my positive attitude to life.

Although I cannot prevent painful and unforeseen occurences and surprises and unpleasant experiences, preventive behaviour is the best way to prepare myself in advance by consciously accepting my disease and eventual death. If I employ all my emotional resources and possibilities to their utmost limits, even death may lose its sting. Hence, it may be that in an individual case even the seemingly impossible becomes possible, leaving us in wonder and amazement.

In this regard, here are a few stimulating suggestions and questions.
Let me look back on yesterday, the past week/month/year as a conscious review in retrospect:

What was it that satisfied me on this day/during this week/month/year?
What did I learn about myself and others?
Did I make full use today of all my abilities and talents?
While doing so, did I help others?
Did I approve of my efforts?
Did I appreciate the efforts of my friends, partners and of my family and colleagues?
Did I really speak from the bottom of my heart?
Did I remain silent at the right moment so as not to make matters worse?
Did I always speak or remain silent at the right moment?

What can I do tomorrow (if I am allowed to live to experience it) to direct matters into the right channels?
How can I avoid causing grief and worries for myself and for others?
Have I today made full use of all possibilities within my power to exclude or minimize any eventual misunderstandings by expressing myself clearly or by means of straightforward questions and answers or honest dealings?

Could I leave Earth even today with confidence, calm, collected and satisfied, to proceed onward?
Are there any pending matters and tasks
I or others still have to tackle?
Did I forgive myself and others even seemingly unpardonable actions?
Did I love myself and others sufficiently?
What did I do to promote this (freedom, honesty and leisure for myself and others?
Sharing joy and love?)
What have I avoided?

What do I actually expect from my transition to the Beyond? Will I meet family members, beloved friends, partners?
Will spiritual teachers, wise men and women, angels or special religious leaders guide me and develop me further and higher?

Do I believe and grant myself life after death (transition) in the highest and best possible sense?
Will I be united with God in direct unification?

What will happen to the members of my family, to my next of kin?
Will they live on after death?
Do I expect corporeal decomposition?

Is my present life merely a link in a chain of past and future incarnations?

Have I placed myself by means of prayer and meditation now already in a position to create better conditions for attaining higher dimensions for my soul and for my Higher Self?
Do I have the inner strength to place confidence in the wisdom of my heart and the elevated level of understanding possessed by my soul?

Does my mind signal that I am capable of liberating my earthly "will" together with my body and that I can continue to go ahead trustingly and with confidence with all that is still with me?

Do I have the willpower and belief, the courage and the enthusiasm to direct my thoughts to God, to pray for support and guidance for my higher development, to dedicate myself to this new awareness of life, and to receive the blessings resulting therefrom?

In the case of doubt, confusion, and insecurity, and when I am downcast, I can affirm quietly and securely from the bottom of my heart:

"Life, Life, Life – I have the courage to exist in every form of life and in every dimension."

The awareness that my physical presence on Earth is finite is with me every day as a gentle reminder, and it communicates with me in many reflections. My own diseased state helps me to value health highly; this applies both to my own disease as it appears to me in my imagination, as well as to the disease of others in which I consciously take part.

My own impending death fills me with respect and gratitude for my own life. This also applies to my imagined death and to another person's death experienced by me. This may also include reflections on lives that have already gone by and on future experiences in other dimensions.

A fundamental decision between the elementary feelings of fear and joy may already be taken at this stage by choosing joy. Joy changes my sadness about the inevitability of my own and others positions.

The rest is silence.

The silence spreads to Heaven on Earth,
Heaven being here, which we can feel
if we help to spread it in every live moment.
Everything is contained therein.

Gratitude to the Creator, to Creation
and its creations will always remain.
Gratitude is expressed by

Every Day Full of Life.

Enkonduko

Konservi la kreaĵon ankaŭ sin esprimas en preventado.

La ebleco esti sana kuŝas jam en ni.
Ĉio estas ekzistanta.
Ni devas nur memori tion kaj krei okazojn por percepti.

Ĉiu estaĵo, ĉiu planto, ĉiu besto, ĉiu homa estado ĉiam celas esti kaj resti sana. Per la multspecaj vivofortoj de la kreaĵo ni ricevas ĉiutage denove la sanon, konscie aŭ nekonscie. En tiu malgranda akompananto ni okupiĝas pri nia konscia kunhelpo.

Kion ni povas mem fari ĉiutage (ĉiuhore) por nia sano?
Ni orientiĝas je la kvar kampoj: moviĝo, nutrado, komunikado same kiel malstreĉiĝo kaj meditado, kiuj en respektivaj mezuro kaj uzo povas konservi, fortigi aŭ malfortigi la sanon.
Ni finas nian preventadan tekston per la necesaj temoj: malsano, morto kaj spiriteco.

Ĉe ĉiu komenciĝas sia sankonservo ĉe siaj individuaj kutimoj, inklinoj kaj kondutmodeloj, disponigitaj per edukado, plejmulte ĉe unu el tiuj kvar kampoj kiel fokuso.

Ĉu estas korposimtomoj pro malekvilibraj nutrado kaj moviĝo, ĉu estas sentoj de streso kaj elĉerpiĝo, aŭ konfliktoj en konversacio kun aliaj, ĉu estas surprizaj spertoj kun malsano kaj morto. Ĉio tia povas ĝeni nian sankonservon.
Se la energifluo estas blokita pro tio, ni bezonas kelkajn atentigojn, por retrovi la naturan ekvilibron.
Ĉiu kampo estas egale grava kaj valora kaj povas esti pliatentigata post memtaksado de la leganto.

Lasu vin gvidi nun per via interna saĝo.
(Ekde nun estas uzata la mi-formo por plifortigo).

Moviĝo

Moviĝo estas vivo – en la universo ĉio moviĝas. Ĉio fluas.

La plej grandaj movadoj etendiĝas al infiniteco, la plej malgrandaj ankoraŭ estas esplorataj de la scienco.

Solidaj, likvaj kaj gasaj korpoj moviĝas diversmaniere.

La por mi ĉi tie plej signifoplena moviĝo en ĉi tiu libreto estas tiu de mia korpo kaj tiu de aliaj homoj, bestoj kaj plantoj en mia medio.

Moviĝo kaj spiro esprimas mian vivecon.

Ĉe ĉiu matena vekiĝo mi havas denove la okazon esti vivanta je tiu ĉi tago. Per la unua lumo de la tago, la radioj de la suno mi etendas kaj streĉas min kaj oscedante mi malfermas la okulojn.
Mi alridetas min en spegulo sciante, ke hodiaŭ mi faros sennombrajn movojn, konscie aŭ nekonscie.
Mi estas dankema pro tiuj eblecoj.

Dum mi purigas al mi la dentojn mi observas, kiel lerte kaj aŭtomate miaj manoj kaj fingroj plenumas la necesajn movojn. La mano tenas la broson, la manartiko priskribas cirkulantajn movojn supren kaj malsupren dum la kubuto subtenas la movon. Se plezurigas min, mi ankaŭ povas treti de unu piedo sur la alian, aŭ softe baskuli per la genuoj, aŭ volvi kaj etendi la piedfingrojn.

Dum mi preparas la matenmanĝon, mi spertas kiel mia korpo, nur laŭ miaj pensoj, plenumas la necesajn movojn, kiam mi surtabligas la manĝilaron, kiam mi sidiĝas, kiam mi prenas pecon da fruktoj kaj ĝin dispecigas, kiam mi verŝas trinkaĵon en tason tenante ĉe tio la kruĉeton.

Ĉe manĝado mi sentas miajn mord- kaj maĉ-, makzel- kaj lango-movojn kaj dum mi ĝuas miajn manĝojn kun ĝojo, mia korpo estas sen mia konscia kunhelpo konstante en moviĝo por ensorbi kaj digesti la nutraĵon. Post ensorbo de nutraĵo mi haltas por momento ripozante dum kelkaj minutoj.

Se mi volus praktiki sporton matene, mi ŝanĝas la sinsekvon per la matenmanĝo kaj lasas la stomakon preskaŭ malplena.

Nun mi estas bone preparita al plua agado.

Mi povas praktiki matenan gimnastikon (kurado, naĝado, biciklado, Taj Chi, Jogo, QiGong), iri al la laborejo, uzi la sport- kaj gimnastik-ofertojn, fari matenan promenadon en freŝa aero, plenumi komisiojn kaj multon pli.

Iutage, je kiu mi ŝatus tute konscie sperti min per miaj movoj, mi povas ekz. jam ĉe irado atenti pri tio, kiel mia korpopezo transŝoviĝas de unu piedo sur la alian, kiel mia korpo per minimumaj movoj tenas la ekvilibron, kiel miaj muskoloj plenumas ĉiujn movojn tute nature kaj mi povas decidi, hodiaŭ supreniri pli da ŝtuparoj anstataŭ uzi la lifton aŭ ankaŭ trapasi vojojn perpiede anstataŭ peraŭte.

Ankaŭ dum necesaj veturadoj per diversaj trafikiloj kiel fervojo, buso, aviadilo aŭ aŭto (nur en staranta aŭto) mi povas resti en moviĝo. Tiuj tempoj povas esti bonvenaj okazoj por kelkaj momentoj

plurfoje streĉi kaj malstreĉi la gambomuskolojn, softe cirkuligi la kapon, kelkfoje cirkuligi la ŝultrojn antaŭen kaj malantaŭen kaj plurfoje en- kaj elspiri.

Tiamaniere mi povas plibonigi mian sangan cirkuladon kaj senŝarĝigi kaj malstreĉi miajn membrojn.

Se mi atentas mian korpon dum miaj aktivecoj mi povas ĝustatempe percepti streĉitecon kaj malagrablajn sentojn. Mi haltas dum kelkaj momentoj akceptante la impulsojn de mia interno kaj obeante mian korposenton.
Ju pli da spaco mi donas al mi, t.e. ĉiam denove dum momentoj senti miajn movojn en mia korpo, des pli frue fariĝas korpo, pensoj kaj sentoj unu tuto.

Mia sensiveco por mi kiel tuteca estaĵo kreskas kaj en mi povas sin etendi korpa bonfarto, kontenteco kaj interna trankvilanimeco. Ju pli mi konsciiĝas pri tio, des pli kreskas ankaŭ mia respekto kaj kompreno por mia korpo same la preteco ĝin subteni.

En la sekva parto estas priskribataj kelkaj ekzercoj, per kiuj je konvena tempo mi povas regeneriĝi.

Tiel lacaj gamboj revigliĝas:

> Ĉe pli longa sidado mi povas cirkuligi miajn piedojn kelkajn fojojn al la unu direkto kaj al la alia por malstreĉi la pied-artikojn kaj plibonigi la sangan cirkuladon.
> Mi povas levi la krurojn en la horizontalon, samtempe anguligi la piedojn kaj poste ree malstreĉi kaj nun tiun movadon plurfoje sinsekve singarde plenumi.

Se miaj okuloj estas tro streĉitaj pro laboro, postulanta grandan precizecon, pro legado de gazetoj, libroj, pro uzo de televidilo kaj komputilo, mi povas facile malstreĉi ilin

> frotante al mi la manplatojn unu al la alia, ĝis ili estas varmaj, metante softe la mankavojn sur la fermitajn okulojn – la nazo restas nekovrita – kaj spirante trankvile kaj regule. Tiun iradon mi ripetas plurfoje. Tiumaniere la okuloj povas rapide regeneriĝi.

Se mi volas fortigi miajn okulojn post pli longa unuflanka rigardado, povas helpi la sekvaj du ekzercoj:

> Mi rigardas el la fenestro al la malproksimo, tenas la kapon rekta kaj fiksas eble plej malproksiman punkton.

Ek de la nazpinto mi imagas ŝnuron ĝis tiu punkto. Nun mi glitas per miaj okuloj atente de la nazpinto laŭlonge de la imagita ŝnuro ĝis tiu malproksima punkto kaj reiras sur la sama vojo. Mi spiras trankvile kaj regule kaj ripetas plurfoje la movadon.

Mi ankaŭ povas softe, facile kaj kvazaŭ lude movi la okulojn

desegnante la konturojn de objektoj (agrablaj motivoj, bukedo da floroj, arbo) per malgranda, imagita peniko, fiksita al la nazpinto, ĉirkaŭante al unu flanko kaj sekve al alia kaj plurfoje ripetante.

Tio estas proponoj kaj depende de la situacio, bezono, korpa sento kaj tempo mi elektas unu aŭ plurajn ekzercojn. Se necese mi provas singarde kaj pripense novajn variantojn kaj laŭ bezono mi vastigas ilin al io alia.

Ĉe spertoj pri dekstre kaj maldekstre koncerne miajn okulojn mi ankaŭ povas percepti, ke ĝis nun mi ne egale trajnis miajn okulmuskolojn.

Pro komplezo al mia korpo mi povas tial provi senti pli klare en mia tuta korpo la dekstra- kaj maldekstra-flankecon kaj mi elpensas al tio konvenajn ekzercojn por la dekstra kaj maldekstra korpoflanko.

Se mi ne trajnis tiun egalvaloran ambaŭ-flankecon, mi preferas por difinitaj aktivecoj plejofte aŭ la dekstran aŭ la maldekstran flankon kiam mi, ekz. per difinita piedo surtretas unue, ekprenas la telefonaŭskultilon per difinita mano k.t.p.
Rezignante foje kvazaŭ lude pri kutimo, kontrolo kaj donante al la netrajnita flanko la ŝancon provi ion nekutiman, novan varianton, mi konatiĝas pli kaj pli kun la ĝis nun nekonataj eblecoj de mia korpo.

Novaj defioj kaj mem starigitaj taskoj ricevas per traprovado kvazaŭ lude pli facile sukcesplenajn rezultojn ol konvulsie, kontrolite eldevigita aŭ ĉe troŝarĝo rezignaciita rifuzo.

Se mi neflekseble plenumas netrajnitajn movojn mi povas amoplene diri al mi:

"Ĉio estas bona kaj kondukas al ankoraŭ pli bona."

Ĉe movo-limigoj, ekz. post akcidento aŭ malsano mi restas celkonscia kun la penso:
"Mi estas dankema pro tio, kion mi kapablas fari hodiaŭ kaj ekspektas de fojo al fojo pli bonan."

Ju pli la movoj en la nomitaj ekzemploj, sed ankaŭ en tutnormala ordinara tago estas mem sentitaj kaj ne fremdstiritaj, estas plenumataj sen grupa premo, estas singardaj kaj pripensaj kaj venas el mia propra interno, des pli frue mi trovas la por mi ĝustan mezuron.

Intensive mi povas sperti tion ankaŭ ĉe promenado en la naturo, ripozante ĉe irado kaj spirado de freŝa aero. Kaj mi ankaŭ povas sperti, kiel miaj fortoj denove kolektiĝas.

Ĉe irado mi sentas la teron sub miaj piedoj, mi sentas kiel la plandoj surtretas kaj ree derulas.
Se mi iras pli rapide, la tuta korpo senteble kun-moviĝas en la ritmo de irado.
La brak- kaj ŝultromovoj pligrandiĝas, mi spiras pli profunde, la korpo montriĝas en sia sana viveco.
Se mi malplirapidiĝas, la movoj malpliiĝas kaj la spiro fariĝas pli trankvila.

Mi trovas mian propran irad-ritmon kaj mi povas nun ligi ĝin konscie kun mia en- kaj elspirado.
Mi iras.
Movo kaj spirado harmonie kuniras. Mi sentas mian torakon etendiĝi kaj miajn pulmojn plivastiĝi.
Mi spiras.
Mi spiras kiel ĉio vivanta spiras kaj mi estas per mia spiro ligita kun la spiro de ĉio vivanta.

Se mi ŝatus, mi povas fari ekstere en la naturo malgrandan, multefikan ekzercon por subteni mian koron kaj mian sangan cirkuladon, eĉ duan por plivastigi la torakon kaj la pulmojn.
Ambaŭ ekzercoj povas esti plenumataj ankaŭ interne.
Mi serĉas por mi agrablan lokon.

Ekzerco por plifortigo:

> Mi starigas min rekte kaj movas ambaŭ etenditajn brakojn flanke de sube al supre egale ĝis la ortanto kaj denove al sube.
> Dum tiu movado mi malfermas kaj fermas kontinue softe miajn manojn kaj ripetas la ekzercon 3–4 fojojn.

Tiam mi haltas por kelkaj minutoj sentante la efikon de la movoj sur mian korpon.
Mi sentas min fortigita.

Plivastigo de torako kaj pulmoj:

Mi staras stabile kaj rekte. La brakoj pendas malsupren. Nun mi etendas ambaŭ brakojn flanke rekte antaŭen, tiras la brakojn malrapide ĉ. je 45° supren, la manplatoj montras antaŭen kaj mi profunde en- kaj elspiras. En la ritmo de spirado mi softe movas la brakojn ĉ. 30 cm antaŭen kaj reen (kiel birdflugiloj). Nun mi lasas sinki la brakojn ĝis la elirpozicio. Tiun moviĝon mi ripetas laŭ bezono plurfoje.
Mi povas denove spiri libere kaj leĝere.

Ĉe tio mi memoras kun kiu natureco kaj memkompreneblo infanoj kaj bestoj moviĝas kaj per tio esprimas sian vivoĝojon.

Al moviĝo ankaŭ apartenas ripozo, ĉar ĝi estas antaŭkondiĉo por ne tro postuli la korpon kaj teni ĝin en ekvilibro. Ankaŭ por tio infanoj kaj bestoj povas esti ekzemplo al mi; ili tute per si mem glitas el moviĝo en ripozon kaj retrovas al harmonio.

Ankaŭ ĉe plantoj mi povas observi kiel ripoztempoj kaj kreskotempoj alternas, por ke la kreskofortoj povu kolektiĝi kaj disvolviĝi interne.

Ili estas movataj kiel ĉio vivanta per la saĝo de ilia korpo, per la saĝo de la kreaĵo.
La vivo estas danco, interna kaj ekstera kaj mi estas invitata.

Eble mi lasas finiĝi la tagon per danco hejme laŭ mia plej ŝatata muziko aŭ kun geamikoj aŭ novaj gekonatoj dum festoj kaj aranĝoj. Tiam mi movigas mian korpon tute intuicie al la ritmo de la muziko; mi sentas kiel ĝi kunagas kaj adaptiĝas al movoj. Mi ĝuas mian vivecon kaj la vivecon de aliaj.

Ĉirkaŭ mi dancas la vivo kaj mi estas parto de ĝi.

Bonajn horojn pasigite kun mia korpo signifas:

- Mi atentas ĝiajn avertojn kaj prenas ilin seriozaj.
- Mi akceptas ĝiajn bezonojn tiom kiom permesas la cirkonstancoj.
- Momente mi faras la eblan kaj konvenan por ĝi kaj donas al ĝi okazon por regeneriĝi kaj reiri al ĝia ekvilibro.
- Mi permesas al mi zorgi pri mi kaj esti sana tiel, kiel eblas al mi.

Fari mian plej eblan, konservi mian sanon aŭ ĝin akiri denove estas decido, kiun mi faras por mi kaj mia vivo ĉiutage denove.
Tiam mi povas vivi en ĝusta mezuro miajn talentojn kaj kapablojn kaj alporti ilin de interne al ekstere.

Mi fidas impulsojn de mia korposaĝo.

Mi fidas ankaŭ ĉiujn aliajn kun tio ligitajn kriteriojn de la en mi vivanta, precipe la elekton de ekvilibrita, konvena nutraĵo, kiu estos priparolata en la sekvanta ĉapitro.

Nutrado

La natura nutraĵo estas unu el la plej gravaj kondiĉoj por ampleksa sano.

Malferme kaj plenfide al la bono mi lasas min gvidi per miaj sentoj, kion la natura kuirejo proponas al mia vivo kaj mi perceptas, kion mia korpo bezonas.

Se mi denove liberigas min de malnovaj, jam ne necesaj modeloj kaj agadmanieroj kaj ree disvolvas senton por mia korpo, mi venas al mi denove pli proksime.

Ju pli mi perceptas kaj akceptas mian korpon kaj ĝiajn bezonaĵojn, des pli kreskas simpatio kaj respondeco pri mia sano, pri la deveno, produktado kaj prilaborado de nutrado, de miaj nutraĵoj. Ankaŭ kreskas kunsento kaj respondeco pri la nutraĵo de plantoj kaj bestoj.

Mi memoras la originon de la nutrado, ĝi estas simpla kaj harmonia, en akordo kun la principoj de la kreaĵo.

Mi decidiĝis tute konscie por la nutrado el biologia kultivado ĉefe el regiona kultivado kaj mi nutras min per la oferto de la respektiva sezono.

La natura, ekvilibrita nutrado el tutgrajna greno, rizo, terpomoj, legomoj, fruktoj de fabacoj, salato kaj fruktoj liveras al ni la valorajn enhav-substancojn kiel karbonhidratoj, graso, proteino kaj ankaŭ balast-substancoj, vitaminoj, mineraloj, bioelementoj kaj sekundaraj plantosubstancoj en ilia kvalite altvalora formo.

Por mia korpo estas vivnecesa ĉiutage trinki sufiĉe da akvo. La organismo bezonas minimume ĉ. 1 ½ – 2 ½ l da pura akvo ĉiutage, depende de korpopezo, aktiveco kaj klimato. Aliajn trinkaĵojn, kiel kurac-herba teo, sukoj, grenkafo, mi trinkas aldone. Luksnutraĵojn, kiel kafo, kurac-herba teo kaj akoholaĵoj, mi evitas, kiel eble plej ofte. Laktoproduktojn, fromaĝon, ovojn, kolbason, viandon, fiŝon, zukeron, grasojn, kukon, dolĉaĵojn mi uzas ŝpareme ĝis malofte.

Dum butikumado de nutraĵoj mi lasas min gvidi per mia kunnaskita korposcio, per mia sensiveco por naturaĵoj. Kio allogas min ĉi tie? Kion diras mia interna voĉo?

Mi espoloras mian internon kaj sentas, kion mia korpo vere bezonas. Kiam mi fidas al mia korpo kaj akceptas ĝian konsilon, tiam etendiĝas pacplena sento.

Mia sentado kreskas por la ĝusta nutrado, la bezonata kvanto kaj la ĝusta momento de la nutraĵkonsumo.

Per tiu konscia elekto de nutraĵoj, la zorgema pretigado de nutraĵoj kaj la danka ĝuado mi atingas pli da konscieco.

La simpla, pacema manĝado estas „ekzercanta proceduro". Ju pli ofte mi simple aĉetas, simple preparas, simple kuiras kaj simple konsumas (maĉadi zorgeme kaj malrapide ĝis la plena disvolviĝo de gusto) des pli estas tio nur kvazaŭ ludo por mi kaj des pli bone mi fartas.
La dankemo kaj ĝojo pro la bongusta manĝaĵo etendiĝas en ĉiu ĉelo, en ĉiu histo, en ĉiu organo de mia korpo.

Se ĉe kelkaj tagoj estas malfacile por mi senti, kion mi vere bezonas, tiam helpas paŭzi por momento, spiri konscie, rigardi internen kaj fidi al mia interna scio. Se iu volas esti dum pluraj horoj aŭ tagoj sen firma nutraĵo (fastotempo), tiam tio povas esti korpobezono. Mi lasas min gvidi intuicie.

Paŝon post paŝo mi lernas koni min pli bone kaj tiel mi venas al natura nutrado.

Eble mi volas travivi unu tagon de la konscia nutrado kaj noti miajn spertojn aŭ dum kelkaj tagoj tiumaniere simple kaj konscie manĝi.

Eble mi volas testi tiujn 5 ekzercojn pri novaj tutecaj manĝ- kaj trinkkutimoj.

5 ordonoj pri manĝado kaj trinkado (dum 10 tagoj sinsekve observi):

1. Ĉion, kion korpo, sento kaj prudento koncerne manĝadon kaj trinkadon rifuzas – mi malakceptas (simile al la natura konduto de 1- ĝis 2-jaraj infanoj).

2. Delikatsenta kompreniĝemo al situacioj kaj homoj, kiuj okupiĝas pri manĝado kaj trinkado, kion mi nun ne bezonas, estas absolute nenecesa. Tiukaze mi restas neŭtrala kaj montras ĉe ĉiuj manĝ- kaj trinkofertoj nenian intereson.

3. Eĉ la plej malgrandan malkomforton mi provas korekti kiel eble plej rapide. (tro forte, tro multe, tro dolĉe, tro acide, tro grase, tro sale, tro forte spicita, tro soife, tro malsate, tro malfrue, tro frue k. t. p.).

4. Ĉiam mi havas dialogon kun mia korpo:
Kiel fartas mia stomako? Kiel fartas mia hepato?
Kiel fartas mia galo? Kiel fartas mia intesto?
Kiel fartas mia haŭto? Ĉiutempe mi faras kaj elektas la ĝustan.

5. Mi estas natura, afabla, zorgema, disciplinema kaj dankema al mia korpo kaj ĝiaj donacoj [(spirado, digestado, movado, metabolo, sensaco (aŭdi, flari, gusti, vidi, palpi)]

Ĉiutage mi pensas pri tiuj ordonoj matene kaj vespere (evtl. je la unua tago ĉiuhore). Mi dankas por ĉio bona koncerne manĝadon kaj trinkadon, kion mi rajtas konsumi hodiaŭ kaj jam rajtis. Mi restas atentema kaj singardema.

Per mia nutrado mi influas en konsiderinda grado mian sanon. Multaj el la hodiaŭaj civilizaj malsanoj estas kaŭzitaj de eraroj ĉe nutrado kaj vivokutimoj.

Se mi nutras mian korpon sanige, simple kaj varioplene, kuiras kun amo kaj prenas tempon por manĝi kun ĝuo mi sentas jam post kelkaj semajnoj internan ekvilibron. Ekvilibro, kiu sin esprimas kiel harmonio en mia korpo, en mia animo kaj en mia spirito. Estimo kaj respekto kreskas antaŭ la saniga nutraĵo.

Mia korpo nutras sin ankaŭ per eklevantaj pensoj, intensaj sentoj, per multvariaj sensacoj kaj naturtravivaĵoj kiel ankaŭ la konscia spiro.

La decido por sankonscia vivo en modesto, dankemo kaj ĝojo sanigas ne nur mian korpon, sed mi sentas tutecan ŝanĝon, kiu sin respegulas en ĉiuj miaj sferoj de la vivo kaj laste en mia medio.

"Mi konsumas la sanigan kaj vivantan nutraĵon denove per la koro."

Komunikado

Komunikado, la kontakto kaj interŝanĝo kun aliaj homoj, havas grandan influon al mia ĉiutaga vivmaniero. Kiel bona nutraĵo plibonigas kaj subtenas la sanon, tiel plifortigas min la interŝanĝo kun aliaj. La kapableco, konversacii pri solvo de konfliktoj kun la ĝusta persono, en bona etoso, pri necesaj temoj, je la ĝusta momento, multe kontribuas al sanpreventado.

Ĉio, kion mi spertas en mia interno kaj perceptas de ekstere, mi spertas esence en kvar fundamentaj sintenoj:

1. Mi akceptas min kaj aliajn egalvalore.
2. Mi akceptas la alian supera, plivalora kaj senvalorigas min
3. Mi akceptas la alian malsupera, malplivalora ol min mem kaj plivalorigas min.
4. Mi akceptas min kaj ne la alian kaj per tio mi senvalorigas ambaŭ.

El tiuj sintenoj al si mem kaj al aliaj homoj estiĝas sukcesaj aŭ malsukcesaj komunikad-travivaĵoj.

Per ripetado de difinitaj fundamentaj sintenoj mi ekzercas ilin ree kaj ree por ke ili konkretiĝu kaj fariĝu mia preferata komunikad-maniero. Tiu elekto esence decidas mian komunikad-sukceson. Estas sencoplene elprovi la efikecon de la unua fundamenta sinteno.

Kiel mi rimarkas, ke mi havas dum konversacio la estimoplenan fundamentan sintenon por mi kaj mia kunparolanto?

Se mi volas interparoli pro estimo al mi mem kaj la aliaj, por esti en egalvalora interŝanĝo, estas ĝuste, ĉiam ekzerci tiun sintenon.

Mi rememoras pri interparolo en pasintaj jaroj, en kiu mi perfekte komprenigis min al mia kunparolantino aŭ kunparolanto kaj mi mem same bone komprenis mian vidalvidulon.

Ankoraŭfoje mi imagas tiun konversacion sub la sekvaj vidpunktoj:

Mi atentas mian korpo-sintenon, mian korpoesprimon, miajn manojn kaj brakojn, krurojn kaj piedojn.

Ĉu mi havis vidkontakton?
Ĉu mi ridetis?
Kiel mi reagis, kiam io estis neklara al mi?
Ĉu mi petis pri denova klarigo?

Ĉu ŝanĝiĝis mia bonhumoro, resp. animstato dum la konversacio?
Ĉu mi estis kontenta, kiel mi prezentis mian opinion, mian vidpunkton?
Kiel mi sentis min antaŭ, dum kaj post la konversacio?
Ĉu mi tenis min je la preferata fundamenta sinteno, aŭ ĉu mi ŝanĝis ĝin dum la tempopaso?

Se poste mi havus okazon, ĉu mi volus iom korekti tiun konversacion?

Mi faras la sperton, ke en la sinteno de egalvalora interŝanĝo nia korpo-sinteno estas malferma kaj alturnita. Ni havas vid-kontakton kaj nia vizaĝesprimo estas malstreĉita. Harmoniaj movoj, ekz. de la manoj, substrekas la diritan.

Ni aŭskultas alterne kaj faras demandojn alterne. Ĉe pliaj interkompreniĝ-malfacilaĵoj ni ne timas peti pri klarigo eĉ de simplaj faktoj. Nia intereso pri komuna konversacio restas plue sincera, plena de pacienco kaj koncentrita sur la esencon.

Mia celado estas kaj restas interkomprenigi min kaj voli kompreni mian kunparolanton. Per tio estiĝis konfidoplena atmosfero, en kiu ĉiutempe povas evolui novaj ideoj kaj pensoj – ni estas dankaj, levataj kaj inspiritaj.

Por pli ekscii pri la efiko de la aliaj tri fundamentaj sintenoj, estas sencoplene, ankaŭ konatiĝi kun tiuj. Al tio mi povas ĉiufoje rememori konvenan konversaci-situacion (mem spertitan, resp. elprenitan el libro, radio aŭ filmo). Helpe de la demandoj pri la unua fundamenta sinteno mi rigardas ankaŭ ĉi tie la konduton, la sentojn kaj pensojn de la kunparolantoj.

Konversacia sinteno, portata de reciproka respekto kaj konfido, gvidata malkaŝe kaj samvalore inter la dialogpartneroj, kontribuas al korpa, anima kaj mentala sano de ĉiu homo.

Tiu konscie decida konstruiva sinteno al konversacio ebligas en ĉiuj sociaj vivosferoj, organizoj kaj tutmondaj institucioj, interŝanĝon, kiu terglobe akcelas interkompreniĝon kaj unuecon.

Antaŭkondiĉo por tio estas agnosko kaj respekto al la propra interna sento, al la aprezo kaj estimo de la propra, interna voĉo, kiu min subtenas kaj kun kiu mi estas en dialogo.

La interna dialogo

La interna dialogo, kiun mi faras kun mi mem, rekte havas efikon sur la manieron, kiel mi interkomunikiĝas kun aliaj.

Mi klare prezentas al mi demandon aŭ temon, kiuj min okupas. Mi lasas al mi tempon kaj koncentras min al tio. Por ekkoni mian fundamentan sintenon, mi faras la sekvajn demandojn:

- Kion mi opinias pri mi rilate tiun tematikon?
- Mi rigardas miajn sintenojn.
- Ĉu mi akceptas min aŭ ĉu mi estas malkontenta pri mi kaj kondamnas min?
- Ĉu mi vidas miajn malfortecojn?
- Kion mi opinias malforta ĉe mi?
- Ĉu mi vidas miajn fortojn?
- Kion mi opinias forta ĉe mi?
- Kion mi opinias pri aliaj, kiuj rilatas kun tiu afero?
- Ĉu mi estas ĉe personaj taksadoj influata de aliaj (amikoj, partneroj, familioj, kolegoj)?
- Kiel mi reagas al kontraŭdiraj pensoj kaj sentoj?
- Ĉu estiĝas la kontraŭdiroj en mi, aŭ ĉu ili estiĝas el eksteraj kontraŭdiroj, kiujn mi ensorbis?
- Ĉu mi sentas timon?
- Antaŭ kio mi sentas timon?

- Ĉu mi havas humuron?
- Pri kio mi povas ridi?
- Ĉu mi havas kuraĝon kaj optimismon?
- Ĉu mi trovas helpemajn kaj konstruivajn solvojn?
- Kiel tiuj aspektas realigitaj?
- Ĉu mi povas pardoni al mi mem?
- Ĉu mi povas pardoni al aliaj?
- Ĉu mi povas akcepti la pardonon de aliaj?

Mi agnoskas senjuĝe mian internan veron, la veron en miaj rilatoj al mi kaj aliaj.

Se mi estas celkonscia, mi konstruive progresas en mia interna dialogo. Ĉiama cirkulanta fluado de intelekto al koro, al ventro kaj denove al intelekto kaj fine al koro, ebligas al mi ĉerpi konstante novan forton el miaj internaj fontoj.
Tiumaniere mi spertas min konstante nova, mi montras min koncentrita, malferma kaj gaja en la komunikado kun mi kaj aliaj.

Se la varieco de impresoj en konversacio fariĝas nesuperrigardebla kaj min konfuzas, mi koncentras min al mia korregiono. La saĝo de mia koro en la percepto de kompleksaj statoj de l'aferoj estas vaste supera al la juĝokapablo de mia intelekto kaj pro tio preferinda.

La plej profunda saĝo de la koro estas pura kaj klara kaj plena de kunsento kaj amo.

La reciproka respekto kaj altestimo en mia interna kaj ekstera komunikado faras emocie kontentigajn konversaciojn kaj rilatojn.

Se en malfacilaj renkontoj kaj longdaŭraj konversacioj la fido al bona kunestado malpliiĝas, mi restas interne celkonscia kaj lasas min gvidi de la sentenco:

"En tiu konversacio estu esprimata nur la plej alta kaj plej bona por la aliaj kaj mi."

Per tiu sinteno mi ŝanĝas mian fokuson al la konstruiva, la necesa antaŭkondiĉo por atingi kaj konservi la mondpacon por ni ĉiuj.

Malstreĉiĝo kaj Meditado

Sana vivanta estaĵo estas malstreĉita, atentema, egalanima, trankvila, vasta kaj malferma.

Se mi volas sperti la supre menciitajn ecojn, tiam mi atentas mian korpon, sentas ĝiajn signalojn; mi atentas mian psikan bonfarton: Ĉu mi malproksimiĝis de trankvilanimeco? Kaj mi atentas miajn pensmodelojn:
Ĉu mi forlasis la vastecon kaj malfermecon de mia spirito?

Per atentema, neŭtrala observado mi atingas ĉiam pli precizan percepton de mia nuna stato. Tiam mi decidas, kiu paŝo estos la sekvonta.

Pri tio mi antaŭe devos havi klarecon:
Ĉu mi bezonas paŭzon kun regeneranta malstreĉiĝo, aŭ dormon aŭ eble fortigantan, sanigan nutraĵon, aŭ konflikt-klarigan interparolon aŭ adekvatan moviĝon por malpreni ŝarĝojn kaj poste malstreĉiĝi?

La malstreĉiĝ-ekzerco konsistas el 3 partoj, kiuj bazas unu sur la alia kaj estas ekzercataj en la indikita sinsekvo.
Post ĉiu parto la ekzerco povas esti finita per la repreno, la konscia ĉesigo de la malstreĉiĝa stato, kiu min rekondukas en mian ĉiutagan konscion.

1. De ordinara tago al malstreĉiĝo

Ĉiujn deviigojn de ordinara tago mi malŝaltas plej-vaste (aparatojn, komunikilojn, logojn de ekstere). Mi troviĝas komforte sur submetaĵo. Mi sentas ĝin. Mi faras plurajn profundajn enspirojn kaj elspirojn. Mi forte pugnigas la manojn, trankvile pluspiras, tenas la streĉon ĉ. 5 sekundojn kaj mi malprenas. Mi pluspiras trankvile 10 spirojn.

Mi profunde enspiras kaj elspiras sentante varmo-fluojn etendiĝi de la pulmoj kaj la koro en la brakojn kaj la manojn, en la krurojn kaj piedojn. Nun mi anguligas la brakojn, tiras supren la ŝultrojn kaj streĉas nun forte dum 5 sekundoj la muskolojn, partoprenantajn tiujn movojn; mi malprenas kaj sentas dum 10 spiroj kiel la streĉo iom post iom malpliiĝas.

Nun mi streĉas la brustmuskolaron kaj la ventro-kovraĵon, kunpremas la gluteajn muskolojn, streĉas la femurajn muskolojn kaj forte entiras la pied-fingrojn, tenas la streĉon dum 5 sekundoj; mi malprenas kaj observas, kiom dum la sekvantaj 10 spiroj la streĉo pli kaj pli malpliiĝas.

La korpo iom post iom etendiĝas al malstreĉita stato. Mi fariĝas ĉiam pli trankvila. Mi sentas min pli kaj pli bone.

2. De malstreĉiĝo al profund-malstreĉiĝo

Pensojn pri ĉiutagaj problemoj, kiuj volas aperi dum la malstreĉiĝo, mi nun permesas eniri en mian kapon, ankaŭ ĉiutagajn problemojn, kiuj sin trudas. Klaraj bildoj ekestas antaŭ mia interna okulo. Mi spiras konscie kaj profunde.

Enspirante mi perceptas la bildojn – elspirante mi malprenas bildon post bildo. Ĉiuj bildoj, pensoj kaj sentoj dissolviĝas kiel nuboj en vento, kiuj rapide forkuras.

Per spirado etendiĝas denove varmofluoj en la tuta korpo. La sentoj fariĝas pli kaj pli profundaj – mi sentas la etendiĝon de la korpo. Trankvileco disvastiĝas.

Aferoj estas, kiaj ili estas.

Mi akceptas.

Saniga interna distanco subtenas la pluan intensiĝon de trankvileco.

Mi ĝuas tiun profundan malstreĉiĝ-staton.

3. De profund-malstreĉiĝo al sanigaj energioj

Mi sentas tiun profundan malstreĉiĝ-staton ankoraŭ pli klare kaj kreas ĉiam pli da spaco tiom, kiom estas agrable por mi.
En la korpo etendiĝas tiu malstreĉiĝ-stato ĝis la plej malgrandaj ĉeloj, mi sentas kiel nova energio min trafluas sanige kaj fortoplene.

Harmoniaj sentoj disvastiĝas.
Ekestas pli da ĝojo kaj paca egalanimeco.
Serena trankvileco, sento de sekureco kaj konfido al kreaĵo kaj kreinto okazas.

Mi lasas okazi, mi restas neŭtrala.
Mi permesas esti sana sur ĉiuj niveloj.
Mi estas dankema. Mi ĝuas la harmonion kaj la profundon de travivaĵoj.

Post kelka tempo mi revenas fortigite kaj vitale al la ĉiutaga vivo.

Mi finas la ekzercon per la repreno:
Mi pugnigas miajn manojn,
mi forte kurbigas plurfoje miajn brakojn,
mi rektigas mian korpon kaj disetendas miajn membrojn kaj mi profunde enspiras kaj elspiras kaj revenas al la ĉiutaga vivo.

Memsanigaj eblecoj

Homoj povas manipuli energion laŭ la sekva maniero:

1. Ĉio havas en principo la saman neŭtral-energion.
2. Mi povas utiligi ĉiun energion, kiu sin proponas al mi,
   ĉu ĝi estas sinkanta, levanta aŭ konstanta.
3. Mi decidas ĉiufoje mem kiel longe kaj kiom da atento mi uzas por la levanta energio.

Memsanigo per plantoj, animaloj kaj homoj

1. Mi iras en botanikan ĝardenon/parkon kun abundaj floroj/planto-ĝardenon/liberan naturon.
Mi eksidas kviete, spiras profunde.
Mi interligas min kun la planto, kiu plaĉas al mi plejmulte, nur levante. Mi interligas min nun kun tiu parto de la planto, kiu plejmulte plaĉas al mi.
Mi provas enspiri tiun parton en min.
Mi lasas tiun parton etendiĝi en mi, en tiun korporegionon/parton, la korpo-organon, kiu reagas al tio plejmulte.
Mi konservas/fiksas la travivaĵon en mi kaj integras tiun energion en mia tuta korpo kaj mia korpo-energi-sfero.
Mi dankas kaj malprenas konscie denove la eksteran interligon kaj estas libera.

2. Mi iras en parkon/zoologian ĝardenon/zoo-parkon/liberaeran instalaĵon/liberan naturon.
Mi eksidas trankvile, spiras profunde.
Mi interligas min kun tiu besto, kiu plejmulte, nur levante, plaĉas al mi. Mi interligas min nun kun tiu parto, tiu eco, tiu konduto de la besto, kiu plejmulte, nur levante, plaĉas al mi.
Mi provas enspiri tion en min. Mi lasas ĝin etendiĝi en mi. Mi donas al ĝi sufiĉe da spaco en la tuta korpo, korpoparto, organo, en la psiko, parta sento.
Mi konservas/fiksas la travivaĵon en mi kaj integras tiun energion en mia tuta korpo kaj mia korpo-energi-sfero.
Mi dankas kaj malprenas konscie denove la eksteran interligon kaj estas libera.

3. Mi iras inter homoj.
Mi serĉas tie lokon por ripozi kaj restadi.
Mi spiras profunde. Mi interligas min kun homo, kiu allogas mian atenton (suĉinfano, infano, junulo, samaĝulo, maljunulo, multjarulo), nur levante.
Mi interligas min kun la esprimo, la efiko, la eco, la konduto de homo. Mi enspiras tion en min.
Mi lasas ĝin etendiĝi en mi, en la tuta korpo, korpoparto, tuta psiko, en spirito.
Mi konservas/fiksas la travivaĵon en mi kaj integras tiun energion en mia tuta korpo kaj mia korpo-energi-sfero.
Mi dankas kaj malprenas konscie denove la eksteran interligon kaj estas libera.

Memsanigaj eblecoj per

Koloroj:
enspiri, sin plenigi, sin envolvi, fiksi.

Formoj:
sin envolvi, apogi, plifortiĝi, fiksi.

Odoroj:
enspiri, sin plenigi, fiksi.

Sento pri gusto:
akcepti, sin plenigi, fiksi.

Bonfarta vetero/klimatoj/temperaturo:
penetri, fiksi.

Naturaj bruoj kaj ritmoj:
akcepti, traflui, fiksi.

Sonoj kaj melodioj:
enspiri, lasi sin etendi, fiksi.

Movoj kaj dancoj:
enspiri, lasi sin penetri, fiksi.

Memsanigo povas okazi ankaŭ per interrilatoj/preĝo, kun mineraloj/elementoj, astroj (planedoj, sunoj, universo) kaj en kontakto kun spiritaj estaĵoj (pli alta memo, amataj mortintoj, sanktuloj, instruistoj, majstroj, anĝeloj, arkianĝeloj) kaj rekte kun Dio (konversacio, lumo, sono).

Malsano, Morto kaj Spiriteco

Spite al miaj diversaj ekkonoj kaj regulaj klopodoj pri mia sankonservo (preventado), mi povas malsaniĝi. Tiu malsano povas konsiderinde limigi, minaci kaj eĉ (antaŭtempe) fini mian ekzistadon sur la tero.

Krom la nepre necesa medicina konsultiĝo kaj terapio, kiujn mi havigas al mi kaj obeas, mi estas plue alvokita per la gvidprincipo de ĉi tiu libreto "Ĉiun tagon esti viva" por esti memrespondeca kaj aktiva kaj zorgi pri mi mem.

En mia limigita stato mi nun ekzercas min ĉiutage, kaŭze de ĉi tiu situacio, en eble plej bona prizorgado kaj warmkora memdisciplino. Mi elserĉas la por mi konvenan moviĝon, nutradon, malstreĉiĝon kaj komunikadon. Tiumaniere mi povas en la plej oftaj kazoj plibonigi, resp. stabiligi mian nunan sanstaton. Al tio apartenas la peto pri subteno helpe de aliaj por konservi mian aktivecon kaj vivoĝojon.

Mi ne povas malebligi dolorigajn surprizojn kaj spertojn. Tamen, la plej bona preparo por konscie esti malsana kaj morti estas preventa konduto. Se mi elĉerpas miajn eblojn ĝis mia persona limregiono, ankaŭ la morto perdas sian teruron. Ĝis tiu punkto ankaŭ en aparta kazo fariĝas la neeblo ebla kaj lasas nin admirante miri.

Al tio sekvaj instigaj konsideradoj kaj demandoj. Mi rigardas la pasintan tagon, la pasintan semajnon/monaton/jaron kaj mi faras konscie retrospekton:

Kio kontentigis min je ĉi tiu tago/semajno/monato/jaro?
Kion mi lernis pri mi kaj aliaj?
Ĉu mi disvolvis hodiaŭ miajn kapablojn kaj talentojn?
Ĉu mi helpis aliajn ĉe tio?
Ĉu mi agnoskis min en miaj klopodoj?
Ĉu mi agnoskis miajn amikojn, partnerojn, familion kaj kolegojn en iliaj klopodoj?
Ĉu mi eldiris, kio okupis mian koron?
Ĉu mi ĝustatempe silentis por preventi pli malbonan?
Ĉu mi ĉiufoje ĝustatempe parolis resp. silentis?

Kion mi plibonigos la venontan tagon (se ĝi estos donacita al mi)?
Kiel mi evitos kaŭzadon de afliktoj kaj zorgoj ĉe mi kaj aliaj?
Ĉu mi hodiaŭ elĉerpis mian agadliberon por elimini, resp. minimumigi miskomprenojn (per klaraj vortoj, nemiskompreneblaj demandoj kaj respondoj kaj aŭtentikaj agadoj)?

Ĉu mi povus jam hodiaŭ konfidoplene kaj trankvile, senemocie kaj kontente forlasi tiun teron kaj pluiri?
Ĉu estas neplenumitaj aferoj kaj nesolvitaj taskoj ĉe mi aŭ kun aliaj?
Ĉu mi pardonis al mi kaj aliaj eĉ nepardoneblan?
Ĉu mi estas sufiĉe amata de mi kaj aliaj?
Kion mi kontribuis al tio (ĉu mi kreis liberajn spacojn, ĉu mi montris sincerecon, ĉu mi uzis liberan tempon, ĉu mi dividis ĝojon kaj amon)?
Kion mi evitis?

Kion mi ekspektas post mia transiro?
Ĉu mi renkontos familianojn, amatajn amikojn aŭ partnerojn?
Ĉu min kondukos spiritaj instruistoj, saĝuloj, anĝeloj aŭ specialaj instruistoj de religio kaj min evoluigos plue kaj pli alte?
Ĉu mi konsentas pri vivo post la morto (transiro) en plej alta kaj eble plej bona senco?

Ĉu mi estos unuigita rekte kun Dio?

Kio okazas kun miaj familianoj?
Ĉu estas por ili pluvivo?
Ĉu mi ekspektas ekskluzivan korpan disfalon?

Ĉu estas aŭ estis mia nuna vivo por mi nur ĉenero en ĉeno de pasintaj kaj estontaj vivoj?

Ĉu mi estas jam nun kapabla per preĝado kaj meditado krei al mia animo kaj mia pli alta memo pli bonajn kondiĉojn por pli altaj dimensioj?

Ĉu mi havas la forton por konfidi al la saĝo de la koro kaj la pli alta kompreno de mia animo?

Ĉu mi havas la imagon, ke mi povas malpreni mian surteran volon kune kun mia korpo kaj povas konfidoplene kaj fidinde pluiri kun ĉio, kio al mi restas.

Ĉu mi havas la volon kaj fidon, la sentiman kuraĝon kaj entuziasmon turni min rekte al Dio por peti pri subteno kaj gvidado en mia pluevoluado kaj dediĉi min al tiu nova vivosento kaj akcepti la benadojn rezultantajn el tio?

Ĉe dubo kaj konfuzo, malcerteco kaj deprimiteco mi povas, tiel ofte kiel necese, trankvile kaj sekure jesi el plena koro:

"Vivo, Vivo, Vivo. Mi havas kuraĝon al estado en ĉiuj vivoformo kaj dimensio."

La konscio pri la fino de la surtera vivo akompanas min ĉiun tagon kiel molkora admonanto kaj parolas al mi en multaj refleksoj. La propra malsano helpas min estimi la sanon; Ankaŭ la propra malsano, imagita al mi en mia fantazio kaj la malsano kune spertita ĉe aliaj.

La propra proksima morto plenumas min kun respekto kaj dankemo por la vivo; ankaŭ la propra morto, imagita al mi en mia fantazio kaj la morto kune spertita ĉe aliaj. Ĝi ankaŭ povas inkluzivi la reflekson pri jam pasintaj vivoj kaj estontaj spertoj en aliaj dimensioj.

Konscia decido inter la bazaj sentoj timo kaj ĝojo ĉi tie eblas favore al ĝojo. Ĝi ŝanĝas mian funebron pri la neevitebla kaj tiun de aliaj en la sama situacio.

Ekestas silento.

La silento disvastiĝas al ĉielo sur tero,
kiu troviĝas ĉi tie, kiu por ni estas sentebla,
se ni helpas ĝin disvastigi per ĉiu vivanta momento.
En ĝi estas entenata ĉio.

Restas dankemo al kreinto,
kreaĵo kaj liaj estaĵoj.
Dankemo sin esprimas en

Ĉiun tagon esti viva.

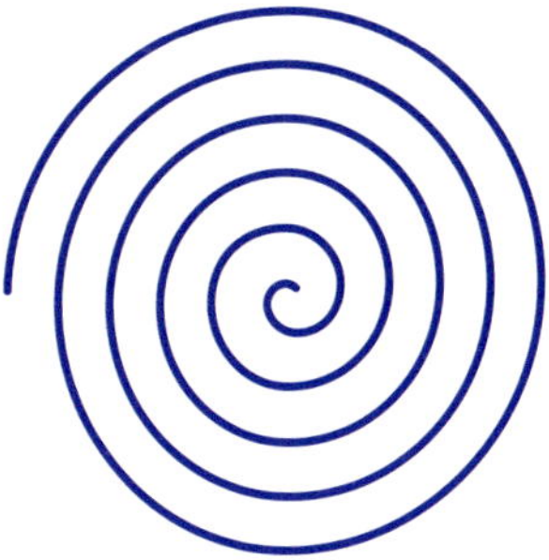

Literaturempfehlungen/Recommended Literature/Literatur-rekomendoj

Auch bei der Auswahl ergänzender und vertiefender Literatur folge ich intuitiv dem Fluß meiner natürlichen Energie; hier einige wenige Bücher, die Ganzheitlichkeit unterstützen.

Also when selecting literature that helps to supplement and deepen the topics that interest me, I intuitively follow the flow of my natural energy; below a few books supporting the holistic view.

Ankaŭ ĉe elekto de kompletiganta kaj profundiganta literaturo mi intuicie sekvas la fluon de mia natura energio; jen kelke da malmultaj libroj, kiuj subtenas tutecon.

Steeb, C.-U./Hornig, M.: Moving
Knaur Verlag, München, 2004

Goodrich, J.: Natürlich besser sehen
VAK, Freiburg, 1990, 3. A.
Natural Vision Improvement
Greenhouse Publ. Pty Ltd., Richmond, 1985
(Book and Cassette)

Bhajan Y./Gurucharan Singh Khalsa: BreathWalk
VAK, Freiburg, 2007

Ungaro, A.: Pilatestraining
Dorling Kindersley Verlag Starnberg, 2004
Pilates Promise
Dorling Kindersley Ltd., London, 2004

Dröge, A./Willand, B.: Autogenes Training
Entspannt in 5 Minuten/Relaxed in 5 Minutes/
Malstreĉite post 5 minutoj
Dröge, Stuttgart, 2003

Acuff, S.: Das makrobiotische Gesundheitsbuch
Goldmann Verlag, München, 1994, 6. A.

Sattilaro, A. J./Monte, T. J.: Gesundes Leben auf
natürliche Weise
Mahajiva Verlag, Holthausen, 1987
Living Well Naturally
Houghton Mifflin Comp., Boston, 1984

Cousens, G.: Ganzheitliche Ernährung
Hans Nietzsch Verlag, Freiburg, 2002
Spiritual Nutrition and the Rainbow Diet
Cassandra Press, San Rafael, 1986

Nanic, Z.: Mangoj el sanigaj Plantoj
BIO-ZRNO, Zagreb, 2002

Kushi, M. + A.: Kinder- und Familiengesundheit
durch Makrobiotik, Ost-West-Bund Völklingen, 1990
Macrobiotic Childcare and Family Health
Japan Publishing, Tokyo, 1986

Krech, G.: Naikan – Die Kraft der Dankbarkeit
Theseus Verlag Berlin, 2003, 1. A.
Naikan – Gratitude and Grace
Stone Bridge Press, Berkeley, CA, 2002

Co, S./Robins, E.: Prana-Selbstheilung
Heyne Verlag München, 2005, 2. A.
Your Hands Can Heal You
Simon & Schuster, New York, 2002

Ghai, O.P.: Einheit in der Vielfalt
Horizonte Verlag Stuttgart, 1987
Unity in Diversity
Unueco en Diverseco
Baha'i Publ./Baha'i Verlag, Hofheim/Ts.

Schmidt, K.O.: Neue Lebensschule, Bd. 1 + 2
Reichl Verlag, St. Goar, 2001, 3. A.
New School of Life

Schmidt, K.O.: Schönheit des Alters
Reichl Verlag, St. Goar, 2002
Beauty of Age

Ponder, C.: Heilungsgeheimnisse der Jahrhunderte
Gondrom Verlag München, 1996
The Healing Secret of the Ages
Parker Publishing Co. Inc., 1973

Wallimann, S.: Chakra-Meditationen/Audio-CD
Chakra-Meditations/Audio-CD

Schneider, P./Pieroth, G.K., Engel begleiten uns
Windpferd Verlag, Aitrang, 2005, 9. A.
Schneider, P., Erzengel-Meditationen, Audio-CD

Und noch zur freudigen Lebendigkeit
3 wunderbare Musikinterpreten/
And, in addition, for joyful liveliness,
3 wonderful music interpreters/
Kaj jen ankaŭ al gaja viveco 3 mirindaj
muzikinterpretistoj:

Dechen Shak-Dagsay: Dewa Che; Shi De

Deva Premal and Miten: The Essence; Silenzio
(more than Music)

Snatam Kaur Khalsa: Anand; Grace

Autoren/Authors/Aŭtoroj

Die Autoren sind bis auf Eva Binder Präventologen nach dem Bundesverband der Deutschen Präventologen e. V. Hannover. Sie arbeiten gesundheitsberaterisch/schul-beraterisch/supervisorisch, halten Bewegungs-, Entspannungs-, Kommunikations- und Meditationskurse, Vorträge und Seminare zur Gesundheitsprävention für alle Altersgruppen.

Das Ziel der Autoren ist, dass dieses Buch als Impulsgeber für den Kontakt mit Körper, Psyche, Seele und Geist benutzt wird, um das Bewusstsein für die Ganzheitlichkeit unseres Wesens, unsere kosmische Einheit, wiederzuerlangen.

The authors, with the expection of Eva Binder, are preventologists according to the "Bundesverband der Deutschen Präventologen e.V., Hannover" (Federal Association of German Preventologists, Registered Association, Hanover, Germany). They act in an advisory capacity in all matters of health and as health advisors for schools and also in a supervisory capacity. Their activities include courses in movement, relaxation, communication and meditation as well as lectures and seminars on health preservation for groups of persons of every age.

It is the authors' aim that this book should encourage readers to act on impulse to establish contact with their own body, psyche, mind and soul to regain their consciousness for the holism of our nature, of our cosmic entity.

La aŭtoroj, escepte de Eva Binder, estas preventologoj laŭ la federacia asocio r. a. Hannover. Ili laboras kiel konsilantoj pri sano, lernejo kaj kiel observantoj; ili gvidas kursojn pri moviĝo, malstreĉiĝo, komunikado kaj meditado; ili faras prelegojn, gvidas seminariojn pri sanpreventado por ĉiuj aĝo-grupoj.

La celo de la aŭtoroj estas, ke tiu libro estu uzata kiel impulsdonanto por kontakto kun korpo, psiko, animo kaj spirito por tiel regajni la konscion pri tuteco de nia esenco, nian kosman unuecon.

Zur Beachtung:/Note:/Atentu:
Dröge, A. / Willand, B.: Autogenes Training Entspannt in 5 Minuten/Relaxed in 5 Minutes/ Malstreĉite post 5 minutoj. Dröge, Stuttgart, 2003